PSY

DANIEL PICK

Psychoanalyse

Eine sehr kurze Einführung

Aus dem Englischen von Brita Pohl

VERLAG TURIA + KANT
WIEN–BERLIN

Für Anna und Tasha

Inhalt

KAPITEL 1

Einleitung

Zwei Menschen, ein Patient und ein Psychoanalytiker, treffen sich jede Woche zu bestimmten Zeiten; der Patient kann aussprechen, was immer ihm in den Sinn kommt. Gelegentlich dient der Psychoanalytiker als Katalysator und spricht, um dem Patienten zu helfen, wenn dieser schweigt und blockiert ist; oder er klärt, betont etwas Auffallendes und deutet das Gesagte oder eine Handlung. Deutung heißt hier, latente Bedeutungen zutage zu fördern. Der Patient stimmt eventuell zu oder ist anderer Meinung, schweift vielleicht vom Thema ab und steuert dabei neue Details bei, fühlt sich manchmal berührt und verstanden oder ist geradezu verärgert. Er kann eine Deutung annehmen oder nicht. Sie sprechen und hören einander zu oder auch nicht. Durch diese Begegnungen ergibt sich eine ungewöhnliche Gelegenheit, zu erforschen, wie die Psyche des Patienten funktioniert, und eine Veränderung herbeizuführen.

Die Psychoanalyse wurde zunächst bei Erwachsenen angewandt und später auch für den Einsatz bei Kindern adaptiert. Ihre tiefgreifende Wirkung ist durch Fallstudien von Sigmund Freud (1856-1939), dem Gründer dieser Tradition, und in einer Vielzahl von Berichten seiner Nachfolger gut dokumentiert. Freuds Tochter Anna, die selbst Analytikerin war, beschrieb 1929 ihre Behandlung eines elfjährigen Jungen mit gestörter Geschlechtsidentität, der zwischen aggressivem Verhalten, heftiger Reue, Depression und fixen Überzeugungen schwankte, etwa dem Bedürfnis, einen Griff an der Toilettenwand und unmittelbar darauf einen Griff auf der anderen Seite dreimal anzufassen. Anna Freud erkannte, dass er sich mit einem Gott identifizierte, »der auf einem großen Thron im Himmelsgericht saß«, mit Knöpfen links und rechts von sich. »Wenn er einen Knopf auf einer Seite drückte, starb ein Mensch: drückte er einen auf der anderen Seite, wurde ein Kind geboren.« Sie zeigte, dass die Psychoanalyse Menschen dabei helfen kann, weniger von solchen Allmachtsphantasien und versklavenden Ideen getrieben zu sein. Wenig später hielt Ella Sharpe, eine englische Kollegin, ihren Studierenden einen Vortrag über die positive Veränderung, die diese Behandlungsform bei einer jungen Frau bewirkt hatte, die von Panikattacken und Wutausbrüchen überwältigt wurde, bei einer weiteren, die in einem Zustand der völligen Niedergeschlagenheit zu ihr kam, und bei einem obsessiven Mann, der in panischer Angst vor seinem unbändigen Impuls lebte, aus dem Fenster zu springen.

Eine detaillierte Beschreibung der Psychoanalyse findet sich in der Geschichte von Richard, einem begabten, unglücklichen und häufig panisch ängstlichen Zehnjährigen, der während des Zweiten Weltkriegs vier Monate lang bei Melanie Klein in Behandlung war. Vom achten Lebensjahr an war Richard so beeinträchtigt, dass er nicht zur Schule gehen konnte. Er fürchtete sich vor anderen Kindern, war häufig krank und neigte zu grausamen Impulsen und schwer depressiven Stimmungen. Der beängstigende Konflikt, der in der Außenwelt tobte, war ein Faktor, allerdings längst nicht der einzige, und verschärfte Richards Hemmungen, Hypochondrie und Einsamkeit. In einem bemerkenswerten Buch schildert Klein detailliert, was Richard in den einzelnen Sitzungen sagte, legt die Zeichnungen vor, die er produzierte, und vermittelt damit, wie sie als Analytikerin versuchte, seine Panik, seine Hassgefühle, seine Angst, gehasst zu werden, und seine verzweifelte Bedürftigkeit zu verstehen. Obwohl sie die Behandlung an ihrem Ende nicht für abgeschlossen hielt, berichtet Klein von den großen Veränderungen, die sich bei Richard vollzogen hatten: Er wurde wieder lernfähig, war selbstsicherer und hatte mehr Vertrauen zu denjenigen, auf die er angewiesen war. Ihre Beschreibung deutet an, dass Richard liebesfähiger wurde und mehr darauf vertraute, dass er geliebt wurde. Er war weniger in seinen eigenen destruktiven Phantasien gefangen, hatte eine stärkere Beziehung zu seinen Eltern, äußerte größere Hoffnung bezüglich seiner Zukunft und schien sehr viel besser dafür gerüstet, sich zu entfalten.

Die Psychoanalyse (oder, der Kürze willen, einfach »Analyse«) ist sowohl eine beeindruckend originelle Therapiemethode als auch ein eigenes Wissensgebiet, dessen Für und Wider überzeugend argumentiert worden sind. Sie ist nicht leicht einzuordnen, weil sie nicht problemlos in die bestehenden Kategorien von Naturwissenschaft, Sozialwissenschaft, historischer Methode, Philosophie, Literatur oder Kunst fällt. Der Ansatz hat sich immer auf zeitspezifische kulturelle Vorstellungen gestützt, doch Freud schuf etwas eindeutig Neues. In diesem Buch beschäftige ich mich besonders mit der *klinischen Haltung*, die Freud entwickelte, und mit dem Grund, warum sie bedeutende psychische Veränderungen ermöglichen kann. Ich möchte eine Geschichte der aktuellen Praxis erzählen, dabei aber auch einige ihrer Wurzeln in der Vergangenheit nachzeichnen. Da Analytiker nie aufgehört haben, Freud zu verehren und sich auf ihn zu beziehen, während sie andererseits oft seine Ideen in Frage stellen oder weiterentwickeln, stellt er für die heutige Geschichte weiterhin eine unumgängliche Grundlage dar.

In gewisser Weise wollte Freud eine Kombination aus Labor und Klinik entwickeln: das analytische Sprechzimmer. Für diese Methode ist keine technische Ausstattung nötig, es werden keine Medikamente verschrieben; die einzige unverzichtbare Einrichtung sind Stühle und eine Couch, obwohl für Kinder auch ein wenig einfaches Spielzeug zur Verfügung gestellt wird, das vielfältig verwendet werden kann, dazu Papier, Stifte, Farbe usw. Die Analyse ist allerdings nicht so unkompliziert, wie es aufgrund dieser nüchternen Beschreibung scheinen mag, und Kliniker ringen nach wie vor mit den Schwierigkeiten, diese unendlich faszinierende Kunst auszuüben.

Die Analyse ist also ein Zugang zur Psyche, zu ihrer kreativen Funktion und ihren vielen Leiden. Unzählige Patienten haben sich ihrer auf die eine oder andere Art und Weise bedient. Viele, aber längst nicht alle, haben sie für nützlich befunden; einige sind überzeugt, dass sie anders nicht überlebt hätten.

Freud verwendete den Begriff »Psychoanalyse« zum ersten Mal 1896. Im modernen Sprachgebrauch bedeutet Psyche einfach das Innenleben, doch im Wort schwingt weiterhin die Bedeutung des griechischen Worts mit, Seele oder sogar Lebenshauch; der Wortteil »Analyse« in Freuds Formulierung impliziert die Untersuchung und Differenzierung der einzelnen Elemente, aus denen eine Struktur besteht. Die Geschichte der von Freud gegründeten Bewegung ist komplex. Er setzte vieles in Bewegung, kam auf seine Formulierungen zurück und stellte sie in Frage, und war so produktiv in seinem Schreiben, dass seine Werke in der als *The Standard Edition* bekannten bahnbrechenden Reihe von englischen Übersetzungen mehr als zwanzig Bände umfassen. Obwohl nicht alle seine Ideen ein zusammenhängendes Ganzes bilden, sind einige gemeinsame Stränge erkennbar. In erster Linie ist allen Analytikern weiterhin Freuds Leittheorie gemeinsam, dass in unserer Psyche Gedanken existieren können, derer wir uns nicht bewusst sind. Zwar hatten schon vor ihm viele Autoren das Unbewusste dargestellt, Freud betonte aber den *dynamischen* Prozess, der daran beteiligt ist: Wir schließen aktiv Dinge aus unserem Bewusstsein aus oder verzerren Gedanken, die wir nicht ertragen können. Diese widerstreitenden, verworfenen geistigen Inhalte können sich dann als unbewusste Aspekte unserer eigenen Psyche einnisten oder gelegentlich wieder an die Oberfläche gelangen und die bewusste Wahrnehmung erneut stören.

Der Analytiker hat die Aufgabe, in dem, was der Patient vorbringt, auf mögliche unbewusste Bedeutungen zu achten. Doch die Analyse kann – für den Praktiker – ebenso als Kunst der Selbstbeherrschung betrachtet werden. Das Aufgeben der Konventionen des gewöhnlichen Gesprächsaustauschs, das diese andere Art der Kommunikation ermöglichen soll, ist mühsam. Zugegeben, sowohl bezüglich der Theorie als auch bezüglich der Praxis haben sich gegensätzliche Denkschulen entwickelt. Dennoch, die meisten Analytiker werden darum bemüht sein, sich zurückzuhalten, indem sie versuchen, keine konventionellen »Stichworte« zu liefern oder Themen vorzugeben oder auch konventionell ermutigend zu wirken. Denn der Analytiker versucht, nicht als gegeben anzunehmen, was der andere in Wirklichkeit meinen »muss«, sondern gibt dem Patienten viel Spielraum, nach Belieben zu sprechen (oder bei Kindern zu spielen) und zu sehen, wohin die Gedanken führen. Eine Analyse kann einen seltenen Raum bieten, in dem eine komplexe Lebensgeschichte oder die flüchtigsten augenblicklichen Gedanken ohne Einschränkung oder moralisierende Kritik angehört werden, und in dem der Patient letztlich die Möglichkeit hat, Bestandteile der eigenen Psyche kennenzulernen, die ihm zuvor nicht bewusst zugänglich waren.

In einer 1925 veröffentlichten autobiographischen Studie beschreibt Freud die von ihm entwickelte Methode – die *freie Assoziation* – zur Erleichterung des Zugangs zum Unbewussten. In seinen voranalytischen Tagen hatte er seine Patienten gebeten, sich auf bestimmte Themen zu konzentrieren. Sein Genie bestand unter anderem in seiner Fähigkeit, umschalten zu können, wenn er genau genommen von Patienten dazu veranlasst wurde, die *wollten*, dass er sich anhörte, was sie sagten. Es ging nicht darum, dass der Arzt diktiert oder einfach diagnostiziert, sondern grundlegend darum, Patienten nach Belieben sprechen zu lassen. Freud gewöhnte sich also an, seine Patienten zu Beginn der Behandlung zu ermutigen, »zu sagen, was immer [ihnen] in den Sinn kam, wenn [sie] sich jeder bewußten Zielvorstellung enthielt[en].«

Freud riet seinen Patienten zu versuchen, nichts zu vernachlässigen, egal wie schmerzhaft, beschämend oder scheinbar belanglos es sei. Eine derartige »Forderung nach Aufrichtigkeit«, fügte er hinzu, sei »die Voraussetzung der analytischen Kur«. Ihr Ziel ist es, Zugang zu ansonsten »verdrängtem Material« zu erhalten. Im kultivierten Gespräch gibt es vieles, das auszusprechen unklug oder taktlos wäre. Doch selbst wenn er aufgefordert ist, frei zu sprechen, kann es sein, dass ein Patient ungewollt »Widerstand« leistet, was sich in stockendem Sprechen, Pausen oder dem Verlieren des Fadens äußern kann, wenn Gedanken

Konflikt und Angst auslösen. Denn niemand kann auf Befehl »frei assoziieren«. Menschen verwerfen ihre eigenen Ideen als »unwichtig«, während sie in Wirklichkeit vielleicht zu unangenehm sind, um angesprochen zu werden. Es zeigt sich, wie schwierig es für uns ist, manche Phänomene in der Intimität unserer eigenen Psyche zu ertragen, und umso schwieriger ist das in der Gegenwart von jemand anders.

Analytiker sind angehalten, den Bedeutungsgehalt bei ihren Patienten zu entdecken und ihn nicht im Vorhinein anzunehmen. Wenn also jemand kommt und sagt, »Ich hasse Weihnachten«, »Akzeptieren Sie Bargeld?«, oder »In dem Moment, als ich in ihren Vorgarten ging, sah ich eine schwarze Katze«, kennen wir die wörtliche Bedeutung, aber was diese Aussagen wirklich bedeuten und warum sie gerade jetzt geäußert werden, bleibt eine offene Frage. Der Analytiker versucht, seine Patienten für diese offene Frage der Bedeutung zu interessieren und gelassen anzuhören, was immer zur Sprache gebracht wird. Wo der Widerstand gering ist, interpretiert der Praktiker, was an unbewusstem Inhalt enthüllt wird. Die Sprache des Patienten, so die Annahme der Analyse, kann Einblicke in Vorstellungen oder Phantasien ermöglichen, die jenseits der Kontrolle des Subjekts liegen. Wo der Widerstand groß ist (der Patient verstummt zum Beispiel oder wird wütend, wenn er sich einem quälenden Thema nähert), konzentriert sich der Analytiker auf diese Abwehrhaltung, da er ihre Beschaffenheit erkennt, und teilt sie dem Patienten mit. Freud war möglicherweise didaktischer, als spätere Kliniker für angemessen halten, doch sein Punkt bleibt zentral: Der Analytiker achtet darauf, was geäußert wird, während er erkundet, wie der Patient (häufig unwissentlich) entschieden haben könnte, etwas zu sehen oder nicht zu sehen. Freud meinte nicht einfach, dass wir uns nicht an alles auf einmal erinnern können; vielmehr stellte er fest, dass wir oft aktiv aus unserem Bewusstsein entfernen, was uns erregt und/oder verstört, wobei wir uns dessen möglicherweise gar nicht bewusst sind.

Freud machte bewusst den Versuch, sich selbst zu analysieren, er versuchte, rätselhaftes Verhalten, Träume und verstörende Gedanken aufrichtig niederzuschreiben. Trotz seines wissenschaftlichen Hintergrunds und seines Bekenntnisses zur Vernunft stieß er auf Hinweise auf unerwartete negative Gefühle gegenüber geliebten Menschen, auf ein Minenfeld von Angstgefühlen, Besitzansprüchen an seine Mutter, Feindseligkeit gegenüber seinem Vater und seinen Söhnen, auf eine abergläubische Furcht vor dem eigenen frühen Tod und auf seltsame Momente, in denen er die wichtigsten Dinge vergaß oder durcheinanderbrachte. Selbst bestimmte Wörter, zeigte er, können einer Person wegen ihrer unangenehmen unbewussten Bedeutungen plötzlich vollständig entfallen.

Freunde und Patienten spielten in seiner suchenden Nachforschung eine Rolle; Freud schien immer jemanden zu brauchen, mit dem er diskutieren konnte, ebenso wie vertraute Kollegen, mit denen er Ideen austauschen konnte. Seine Korrespondenz war umfangreich. Freud wird manchmal als einsame Gestalt dargestellt (oder stellte sich selbst so dar), aber er erkannte auch, wie sehr Menschen voneinander abhängig sind, wie sehr sie auch behaupten mögen, allein zu sein oder alles selbst geschaffen zu haben; in seiner Studie *Massenpsychologie* folgerte er:

> Im Seelenleben des Einzelnen kommt ganz regelmäßig der Andere als Vorbild, als Objekt, als Helfer und als Gegner in Betracht und die Individualpsychologie ist daher von Anfang an auch gleichzeitig Sozialpsychologie in diesem erweiterten, aber durchaus berechtigten Sinne.

Freud wurde auch klar, dass die Analyse zu einer stark aufgeladenen emotionalen Situation führt. Sie ist eine soziale Interaktion, die von machtvollen unbewussten Einstellungen überschattet und manchmal völlig überrollt wird. Ursprünglich überraschte ihn diese volatile Dynamik, seine Arbeit zeigte jedoch immer wieder, warum und wie diese Gefühle in der Kur aufkamen. Die Einstellung eines Individuums zum Analytiker, bemerkt er, schöpft aus unbewussten Gefühlen und schwankt zwischen positiv und negativ, reicht von »leidenschaftlicher, vollsinnlicher Verliebtheit bis zum extremen Ausdruck von Auflehnung, Erbitterung und Haß«. Er war der Meinung, es läge in der Natur der Psyche, frühere Gedanken, Szenen oder Beziehungen, die letztlich meist aus der frühen Kindheit stammen, auf oft vollkommen neue Situationen zu übertragen.

In der Analyse können Patienten Einblick in diese Tendenzen gewinnen und neigen danach weniger dazu, Muster blind und bis in alle Ewigkeit zu wiederholen.

Die Position von Patient oder Analytiker wirkt sich auf Menschen unterschiedlich aus, ist aber immer irritierend; für beide ist es eine emotional belastende und schwierige, nicht nur intellektuelle Erfahrung. Sie beunruhigt die Beteiligten in mehrfacher Hinsicht. Analytiker bemühen sich, einen ruhigen Kurs beizubehalten, heute wird es allerdings auch als wesentlicher Teil ihrer Rolle betrachtet, für die unbewussten Mitteilungen der Patienten offen zu bleiben und deren Auswirkungen auf sich selbst für die Deutung zu nutzen. Manche Menschen wühlt die Analyse auf, und das wirkt sich wiederum auf ihre Analytiker aus, die nach einer Sitzung deprimiert, aufgeregt, ruhelos, wütend, lustlos, träge, ängstlich, verträumt usw. sein können. Sie kann auch für beide eine fesselnde, anregende und berührende Erfahrung sein.

Freud bot das Ideal eines Analytikers, der unerschütterlich zuhört, ohne sich zu fügen oder davonzulaufen. Doch einige seiner Nachfolger haben sich ausführlicher damit auseinandergesetzt, wie sowohl Patient als auch Praktiker, wie jedes andere Paar oder auch eine größere, aber immer noch intime Gruppe, unbewusst voneinander beeinflusst werden, und wie diese Erkenntnis genutzt werden kann, um zu erforschen, was manche Analytiker als »Innenwelt« bezeichnen. Das analytische Modell geht davon aus, dass ein guter Teil der Kommunikation unter unserem bewussten Radar bleibt oder völlig außerhalb der formalen Sprache steht, und dass es Aspekte unserer Psyche gibt, die zwangsläufig immer unklar bleiben werden. Und doch ist Freuds Ansatz auch adäquat als *Sprech*kur zu beschreiben, eine Art, in therapeutischer Absicht bisher unaussprechliche und unbekannte Dinge wieder auf die Diskursebene zu heben.

EIN NOTRUF

Freud und andere wichtige Wegbereiter gaben wichtige Ratschläge zur Technik. Doch (unerfahrene wie auch erfahrene) Praktiker erleben unweigerlich unvorhergesehene Dilemmata. Stellen Sie sich einen verstörten Mann vor, Rob, der in Panik in seine Sitzung stürzte, kurz nachdem er die Behandlung mit seinem Analytiker begonnen hatte. »Schnell, ein Notfall, während ich hierher kam ... eine verrückte Frau ... ein verletztes Baby ... muss sofort die Polizei rufen. Geben Sie mir Ihr Telefon.« Der Analytiker war in einem Dilemma: War die Gefahr draußen real und musste er der Bitte nachkommen? Der Handlungsdruck war enorm, er schaffte es dennoch vorzuschlagen, zuerst darüber zu sprechen und nicht gleich den Notruf zu wählen.

Daraufhin setzte sich Rob ein wenig erleichtert und sagte etwas langsamer, dass er eine Mutter gesehen hatte, die einen Kinderwagen schob. Er war *fast* sicher, dass irgendetwas nicht stimmte; er *vermutete*, dass sie in ihrer Tasche nach einer Waffe griff, hatte den Gedanken gehabt (ausgelöst dadurch, dass sie Zigaretten hervorholte), dass sie etwas Böses vorhabe, vielleicht sogar die Decke anzünden wollte. Er erinnerte sich daran, dass das Baby in dem Moment geschrieen hatte, als sie nach unten griff, weshalb er befürchtete, dass Gewalt unmittelbar bevorstand, und in Panik geriet. Während er sprach, ließ seine Alarmiertheit nach und die »Fakten« verschwammen. Er murmelte, »vielleicht habe ich überreagiert ... ich bin nicht sicher, was passiert ist«. In diesem Fall war der Anruf nicht notwendig. Mit der Zeit erfuhr der Analytiker mehr über Robs frühkindliche Verhältnisse, der als Baby und Kleinkind extrem gefährdet war, da seine Mutter Drogen nahm. Die Straßenszenen-Krise, die so real gewirkt hatte, begann immer mehr, die Merkmale eines Traums anzunehmen.

In diesem frühen Stadium idealisierte Rob die Behandlung und sagte, er habe die höchste Meinung von seinem Analytiker. Seine Ansicht änderte sich bald und er äußerte abwechselnd Wut, Panik und Drohungen. Er fühlte sich durch die therapeutische Situation, in der er sich befand, aufgewühlt, und heizte die Dinge auch noch weiter an. Manchmal erwies es sich als möglich, Deutungen anzubieten, die Rob manchmal auch kurz annehmbar, vielleicht sogar nützlich fand. Die Sitzungen versetzten ihn allerdings in immer größere Unruhe und seine Erregung wurde unkontrollierbar. Rob kam nach einigen Monaten nicht mehr, und der Analytiker sah ihn nie wieder.

Manchmal ist eine Analyse beeindruckend erfolgreich und hilft Menschen, sich zu ändern, wie das bei Richard zu sehen war, oder erweist sich als schwierig und kann überstürzt oder ohne großen Nutzen enden, wie dies vielleicht bei Rob der Fall war. Das Ergebnis kann durchaus von Einstellung und Erkrankung des Patienten abhängen, von der Technik, Erfahrung und den Eigenschaften des Analytikers, und einer schwer zu definierenden »Chemie«, die zwischen den beiden entsteht. Der Analytiker versucht, eine bestimmte Haltung beizubehalten und womöglich die Konflikte einer Person zu bearbeiten. Und doch kann diese Nachforschung bei Patienten einen tiefgehenden Widerstand auslösen. Rob sagte bei einer Gelegenheit, dass er sich nach straffer Anleitung sehne, wolle, dass sein Analytiker gegenüber gewissen Feinden »auf seiner Seite« stünde, und Deutungen meist für nutzlos halte. Wahrscheinlich denken alle Patienten von Zeit zu Zeit so; manche tolerieren allerdings die Frustration, aufgefordert zu sein, über Dinge nachzudenken, leichter als andere: Der Analytiker versucht, Deutungen anzubieten, auch wenn Patienten nach Rat, einer Handlungsaufforderung oder prompter Zustimmung suchen.

Die Psychoanalyse ist bemüht, eine Veränderung zu bewirken, ist aber kein Wundermittel. Wenn sie erfolgreich ist, können Patienten ihren Geist besser zum Denken einsetzen und wissen mehr über ihre Gefühle und Leidenschaften. Sie kann Menschen dabei helfen, sich weniger hilflos zu fühlen, neue Perspektiven in Bezug auf eine gegebene Situation zu sehen, spontaner zu sein und sich selbst gegenüber nachsichtiger zu werden. Sie soll Patienten auch dazu befähigen, sich mit ihren Grenzen und Konflikten auseinanderzusetzen, aber auch die Kraft zu finden, zu wissen – und auszuhalten –, wer sie sind. Ihre Verfechter behaupten, dass sie uns dabei helfen kann, eine stärkere Integration zu erreichen, allerdings in Anerkennung der Tatsache, dass es immer eine Phantasie bleibt zu denken, man könne ganz mit sich eins sein. Freud ging davon aus, dass wir psychisch immer gespalten, gebrochen sind und uns zu einem gewissen Grad selbst fremd bleiben. Dennoch kann die Analyse es einem Patienten ermöglichen, in diesem Puzzle weitere Stücke zusammenzufügen, Gefühle auszuhalten, die er zuvor nicht zugelassen hätte, Schuldgefühle besser zu ertragen, ohne davon völlig erdrückt zu werden, mit Angst besser umzugehen und auf das Bedürfnis zu verzichten, sie anderen unmittelbar aufzudrängen.

Die Analyse hat auch vielfach demonstriert, wie bestimmte (natürlich nicht alle) körperliche Symptome aus den unbewussten Gefühlen und Konflikten eines Menschen erwachsen können. Freud beschrieb einmal, wie eine hysterische Patientin »gedankenverloren« eine bestimmte Szene gestisch inszenierte und gleichzeitig wieder aufhob: mit einer Hand knöpfte sie eifrig ihre Kleider auf, während die andere Hand sie rasch wieder zumachte. Dennoch dachte sie nicht bewusst an sexuelles Begehren, noch hatte sie zu diesem Zeitpunkt irgendwelche Ängste oder Gegengedanken im Sinn. Der Körper kann eine Geschichte erzählen, die dann manchmal mit Worten explizit gemacht werden kann. In einer Analyse kommt es häufig vor, dass gewisse körperliche »Beschwerden« im Laufe des Prozesses abnehmen.

Für manche erweist sich die Psychoanalyse als trostlosere Aufgabe als für andere, aber niemand kann eine solche Arbeit ohne Unbehagen und Trauer bewältigen, und auch nicht alleine. Das soll nicht heißen, dass eine Behandlung für jeden nutzbringend ist. Und auch wenn die Analyse einige allgemeine Behauptungen aufstellt, ist sie keine festgefügte Philosophie, ebensowenig ein Bündel von Regeln oder Prinzipien, die der Patient lernt. Natürlich kann sie, wie die meisten Dinge, mit einer geheimnisvollen Aura umgeben oder als Dogma gehandelt werden. Aber wenn sie derartig verehrt und in Stein gemeißelt wird, bleiben Freuds betont experimenteller Ansatz, seine vorläufigen Erkenntnisse und sein erfindungsreicher Stil nur allzu leicht auf der Strecke.

Analytiker haben Maßstäbe für gute Ergebnisse: eine größere Fähigkeit, normales, alltägliches Unglück zu tolerieren und sich keiner hysterischen Trübsal hinzugeben (wie Freud einmal bemerkte); die Fähigkeit, zu lieben und zu arbeiten; besser spielen, denken und träumen zu können; das Aushalten von Zweifeln; uns selbst und andere weniger gespalten zu betrachten (z.B. wenn wir eine geliebte Person als rein wahrnehmen, nur um schlechte, unerwünschte Eigenschaften auf jemanden oder etwas anderes zu projizieren); unsere Widersprüche mit größerer Ironie zu sehen; weniger im Bann harscher, unbewusster Selbstvorwürfe zu stehen; oder sich dem Rätsel und der Endlosigkeit unserer Wünsche zu stellen. Wie der Analytiker Jacques Lacan zeigte, ist es eine Illusion zu glauben, der Wunsch sei dem Bedürfnis verwandt: Die Bitte eines durstigen Menschen um Wasser kann erfüllt werden, während der Wunsch etwa nach Liebe oder Bestätigung manchmal keine Grenzen kennt.

In einer guten Praxis werden dem Patienten derartige Ziele allerdings nicht aufgedrängt: Das würde den analytischen Ansatz untergraben. Patienten bringen Geschichten und Interessengebiete mit; der Analytiker reagiert spezifisch darauf, was eingebracht wurde, indem er versucht, die Mitteilungen seines Gegenübers aufzunehmen und zu erwidern, und immer wieder Deutungen äußert (also Versuche, die zugrundeliegende Situation anzusprechen und auch die eigenen weiterführenden Gedanken und Assoziationen des Patienten zu fördern), in der Hoffnung, dass diese Interventionen nützlich sind. Im gegenteiligen Fall wird er ausloten, warum sie das nicht sind.

Analytiker haben oft darüber geschrieben, wie sich Patienten, auch wenn sie sich zutiefst nach einer Veränderung sehnen und für die Behandlung bezahlen, unbewusst und sogar hartnäckig dafür entscheiden können, den Status quo beizubehalten. Wenn die Behandlung gut zu verlaufen scheint, kann sogar eine sogenannte »negative therapeutische Reaktion« auftreten, vielleicht deshalb, weil der Patient durch die gefühlte Verbesserung Schuldgefühle oder sogar die Befürchtung entwickelt, dem eigenen »kranken« Anteil gegenüber untreu zu werden. Wir können auch ein starkes Bedürfnis empfinden, Aspekte unserer Psyche auf eine psychosomatische Erkrankung oder einen anderen Menschen zu übertragen (jemanden, der sozusagen unerwünschte Gefühle oder Gedanken auf sich nimmt), auf einen Nebel von Unwohlsein oder auf fixe Überzeugungen bezüglich der Beschaffenheit der Welt. Es ist schließlich allgemein bekannt, dass Menschen Dinge manchmal ausradieren wollen, sich mit Arbeit, Alkohol, Drogen oder einem Computerbildschirm betäuben und darauf bestehen möchten, dass alles in Ordnung ist oder die Schuld völlig bei jemandem anderen liegt. Welche – innere oder äußere – Faktoren jemanden auch dazu bewegen, eine Behandlung zu suchen, man kann sich diesbezüglich trotzdem ambivalent fühlen, nicht zuletzt deshalb, weil selbst die neurotischsten psychischen Zustände eine Selbstschutzfunktion haben: Eine Reihe von Symptomen, etwa zwanghafte Angewohnheiten, können dazu dienen, sich vor anderen, etwa paranoiden Ängsten zu bewahren, die intuitiv als schlimmer empfunden werden.

FÜR WEN EIGNET SICH DIE BEHANDLUNG?

Patienten können es als beängstigend *und* emanzipierend empfinden, sich in eine Analyse zu begeben. Es kann hilfreich sein, Stimmungsschwankungen haben zu dürfen, ohne dass darum viel Aufhebens gemacht oder erwartet wird, »damit fertig zu werden«; manchmal ist das sogar eine neue und befreiende Erfahrung. Es kann auch eine außerordentliche Erleichterung sein, sich mit den depressiven und sogar verrückteren Anteilen seiner selbst auseinanderzusetzen. Andererseits kann sich der analytische Ansatz für Menschen, die am Rand oder mitten in einer Psychose stehen oder gerade noch Todessehnsüchte abwehren können, als besonders schwierig erweisen, und sie riskieren einen neuerlichen Zusammenbruch, wenn der Analytiker die ersehnte dauerhafte Zuflucht nicht bieten kann. Bei manchen rührt die Behandlung an überwältigende Ängste und das Muster von intensiver Auseinandersetzung, auf die plötzliche Trennungen wie Wochenenden oder Urlaube folgen, kann einfach unerträglich sein. Der Therapeut muss daher im Voraus die *Analysefähigkeit* beurteilen und über die gesamte Behandlung hinweg im Auge behalten.

Die Geister scheiden sich bezüglich der Frage, ob die Analyse für Patienten in psychotischen Zuständen geeignet gemacht werden *kann,* und wenn ja, wie. Diese Zustände nehmen zugegebenermaßen viele Formen an: Sie können vorübergehend oder chronisch sein, daher hängt es auch von Form und Schwere der Erkrankung ab. Doch wenn Menschen halluzinieren oder unter anderen schweren Wahnvorstellungen leiden, kann es vorkommen, dass sie den Analytiker oder die angebotenen Deutungen ganz entsprechend ihrer dunkelsten oder manischsten Phantasien wahrnehmen und einen Kommentar wie etwa »Sie vermuten, dass ich Ihnen gegenüber böse Absichten habe« oder »Sie wünschen sich sehnlichst, mit mir hier zu wohnen«, als unbezweifelbare Bestätigung der Gültigkeit eben des Sachverhalts verstehen, den sie fürchten oder herbeiwünschen. Alle Patienten können Deutungen erleben, als seien sie Urteilssprüche oder moralische Wertungen (eine Welt aus »du sollst« und »du sollst nicht«), die »von oben« erlassen werden, doch für einige kann das völlig unerbitterlich klingen.

Zu sagen, jemand sei in einem psychotischen Zustand, heißt nicht, dass er völlig verständnisunfähig ist. Freud stand mit seinen genauen Untersuchungen bezüglich der Bedeutungen und Erfahrung von Wahnsinn in einer ehrwürdigen Tradition. Er legte eine eindringliche Studie der psychischen Nöte des ehemaligen Richters Daniel Paul Schreber vor, der einen bemerkenswerten Bericht, die *Denkwürdigkeiten eines Nervenkranken* geschrieben hatte. Schreber glaubte, seine Nerven stünden mit kosmischen Strahlen im Kontakt und er sei berufen, eine Mission zu erfüllen, die Welt zu erlösen und sie wieder in ihren früheren Zustand der Seligkeit zurückzuversetzen. Dazu müsse er sich in eine Frau verwandeln, um mit Gott verkehren und so die Welt retten zu können. Freuds Bericht (auf Basis des Textes des Patienten, nicht einer analytischen Behandlung) leistete einen wichtigen Beitrag zum Verständnis von Psychosen. Eine seiner Erkenntnisse war die Einsicht, dass eine wahnhafte Überzeugung ein versuchter »aufgesetzter Fleck« sein könnte, um einen Anschein von Bedeutung und Struktur wiederherzustellen, nachdem die Krankheit diese zerstört hat.

Freud glaubt, dass kein Patient – ob psychotisch oder neurotisch – *bloß* »schwätzt«: Die einzelnen Symptome, wie seltsam auch immer, können in Wirklichkeit die verzweifelten Versuche eines Menschen sein, sein psychisches Chaos zu überstehen. Auch wenn er anerkannte, dass der Wahnsinn Methode hat, zweifelte Freud an der direkten Anwendbarkeit seiner Kur auf psychotische Patienten. Einige seiner frühen Anhänger, etwa Sándor Ferenczi, hegten diesbezüglich größere Hoffnungen und gewährten Kranken eine Behandlung, die so schwer betroffen waren, dass vorsichtigere Kollegen sie ablehnten. Ferenczi galt als Meister schwieriger Fälle. Nach dem 2. Weltkrieg folgten weitere Experimente mit der Analyse von psychotischen Patienten. In England analysierten zum Beispiel Hanna Segal, Wilfred Bion und Herbert Rosenfeld Patienten, die sehr schwerwiegende langandauernde psychische Probleme hatten. Sogar bei Menschen mit Schizophreniediagnose hielten sie, inspiriert von Melanie Klein und ihrer mutigen klinischen Arbeit mit Kindern, so weit wie möglich am Interpretieren fest.

Solche analytischen Begegnungen ergaben einige interessante und bewegende Befunde, drangen manchmal durch und ermöglichten eine emotionale Abgrenzung, wenn sie auch in den schwersten Fällen wenig Aussicht auf Heilung erlaubten. Elyn Saks, eine bemerkenswerte amerikanische Juristin, die während ihrer Studienzeit in Oxford und Yale ins Krankenhaus eingewiesen wurde, zunächst mit der Diagnose Depression und später mit ausgeprägter Schizophrenie, lässt erahnen, was sogar bei den schwersten psychischen Krankheiten mit einer Kombination von – in ihrem Fall – psychoanalytischer Arbeit, Medikamenten, außerordentlich loyalen Freunden und später einem Partner erreicht werden kann. Ihr Buch zeigt aber auch drastisch die Risiken und Gefahren der analytischen Behandlung für eine Patientin, die Wahnvorstellungen ausgeliefert ist, zum Beispiel, wenn sie sich weigert, die Räumlichkeiten zu verlassen oder mit einem Messer bewaffnet zu einer Sitzung kommt.

Viele Menschen beklagen heute, dass die immer größere Bandbreite an durch Psychiater verfügbaren Medikamenten zu einer psychischen Betäubung führt; es gibt Beweise dafür, wie überzogen die Behauptungen sind, die Pharmaunternehmen in der Vergangenheit gemacht haben, und für die schädlichen Nebenwirkungen, die viele der Pharmazeutika im medizinischen Arsenal haben können. Manche empfinden verschriebene Medikamente tatsächlich als hilfreich, sogar lebensrettend, indem sie Angst, Wahnvorstellungen oder selbstmörderische Verzweiflung mildern. Und in manchen Fällen, wie bei Saks, finden analytische Behandlungen statt, während der oder die Patient auch medikamentös behandelt wird. Analytiker können selbst Psychiater sein oder auch nicht. In der analytischen Arbeit würden sie jedoch wie die meisten Patienten annehmen, dass es wo immer möglich wünschenswert ist, die Therapie ohne die Notwendigkeit durchzuführen, dass jemand seine psychischen Zustände auf diese Weise künstlich unterdrückt oder verändert.

Es wurde viel diskutiert, wie, wenn überhaupt, eine Psychoanalyse mit psychotischen Patienten am besten durchgeführt werden sollte. Sicherlich werden die meisten Analytiker der Ansicht sein, dass der Ansatz im Hinblick auf die ernste psychische Erkrankung eines Patienten möglicherweise bis zu einem gewissen Grad modifiziert werden muss, z.B. wenn, wie Saks es formuliert, »die Wand verschwimmt, die Phantasie und Realität trennt«. Das Ziel mit einem, sagen wir, schizophrenen Patienten könnte lauten, dass die Wahnvorstellungen an Intensität verlieren, wenn auch in dem Wissen, dass sie vielleicht nie ganz und für immer verschwinden werden. Eine Veränderung des Einflusses von psychotischen »Stimmen« zum Beispiel kann große Vorteile mit sich bringen; manchmal können Patienten es schon alleine schätzen, wenn jemand sich konsequent darum bemüht, sie anzuhören und nach ihren Bedeutungen zu suchen. Die analytische

Arbeit mit psychotischen Patienten hat uns auch geholfen, mehr über extreme pathologische Zustände und die stärker gestörten, sogar psychotischen Aspekte von einfach nur neurotischen Menschen zu erfahren.

Die kanadische Historikerin Barbara Taylor, die schon lange in Großbritannien lebt, hat wie Saks überzeugend für die Sprechkur argumentiert, in ihrem Fall während einer schweren und lange anhaltenden Depression. In einem kürzlich erschienenen Buch schildert sie unerschrocken ihren Abstieg, ihre Jahre mit Alkohol und Pillen, Selbsthass und Verletzung, und berichtet von ihrer beeindruckenden Gesundung mit Hilfe ihres langjährigen Analytikers »V«, eines Netzwerks von engen Freunden, eines weitblickenden Psychiaters und nicht zuletzt des schützenden, wenn auch verfallenden Krankenhauses, der »Ziegelmutter«, in dem sie Asyl fand. Taylor räumt ein, wie selten die ihr gebotene Gelegenheit ist, stationäre Behandlung zu erhalten *und* währenddessen eine intensive Analyse fortsetzen zu können, sowohl aus ökonomischen Gründen als auch deshalb, weil viele Psychiater Freuds Methode missbilligen. Sie zeigt auch, wie das alte System der krankenhausbasierten Behandlung in Großbritannien trotz der vielen Probleme für viele eine lebensrettende Zuflucht darstellte. Sie schildert die immer schlechter werdenden, manchmal fürchterlichen Zustände, denen ehemalige Insassen seit der Schließung der großen Anstalten im letzten Viertel des 20. Jahrhunderts überlassen sind. Auf diese folgenreiche

Maßnahme (bestimmt von einer Reihe von Faktoren, unter anderem dem Druck, Kosten einzusparen, und einer Kritik an »totalen Institutionen«), folgte nur allzu wenig von der versprochenen Alternative der gemeindebasierten Pflege.

Was aber, könnten wir fragen, motiviert Menschen, die nach psychiatrischen Definitionen keine psychische Erkrankung haben, sich einer Analyse zu unterziehen? Wozu? Dieses Buch geht der Frage nach, warum jemand sich dazu entscheiden könnte, eine so beachtliche Verpflichtung einzugehen – nicht nur in einem Zustand von Verzweiflung und Zusammenbruch, sondern auch auf der Suche nach persönlicher Entwicklung, Erkenntnis und Kreativität.

Patienten kommen vielleicht mit einem Problem im Kopf, vielleicht einer geheimnisvollen und unerklärlichen Krankheit oder einer unvorhergesehenen Lebenskrise. Manche wenden sich der Analyse zu, wenn ein Verhaltens- oder Glaubensmuster nicht mehr ausreicht, um die Dinge zusammenzuhalten, oder wenn sie intuitiv erfassen, dass irgendein psychologischer Faktor ihre Anliegen sabotiert.

Vielleicht bringen veränderte Umstände alles durcheinander – etwa ein neuer Job, eine Heirat, ein Kind, eine Trennung oder der Verlust von Nahestehenden. Jemand kann die Behandlung eines rätselhaften körperlichen Symptoms, eines schmerzlichen Mangels, einer Phobie, einer unbeherrschbaren Angst oder der Existenz unter einer »schwarzen Sonne« (Julia Kristevas Titel für ihre eloquente Studie über Melancholie) suchen. Die Motive sind nicht immer offenkundig – sie müssen ungeachtet des vorläufigen, »offiziellen« Problems aufgedeckt und dürfen nicht vorausgesetzt werden.

In der medizinischen Praxis kann ein Patient sich einigermaßen passiv zur Untersuchung vorstellen und dann vorgeschriebenen Behandlungen folgen; wenn alles plangemäß verläuft, verbessert sich der Zustand. In der Analyse ist es dagegen nicht möglich, die Erfahrung zu umgehen und »es auf den Punkt zu bringen«. Was therapeutisch wirkt, ist nicht das Vorgeben einer Lösung, sondern die fortgesetzte Arbeit über die Zeit hinweg. Im klassischen Ansatz in Großbritannien kommt der Patient fünfmal pro Woche; in Frankreich sind dreimal pro Woche Standard. Das sind auffällige Unterschiede zwischen analytischen Subkulturen, allerdings nehmen viele Analytiker Patienten auch für weniger häufige Sitzungen auf. Die Analyse ist weder schmerzlos noch wirkt sie sofort. Andererseits kann sie auch freudvoll, vergnügt und unbeschwert sein. Sicher steht im analytischen Vokabular ein Gefühl der psychologischen Arbeit, von etwas Anspruchsvollem *und* potenziell Kreativem im Vordergrund. Unterschiedliche Arten von »Arbeit« finden sowohl bewusst als auch unbewusst statt, wie Freud bemerkte: Er sprach von »Traumarbeit«, »Trauerarbeit«, »Durcharbeiten«.

Selbst wenn wir unsere Neurosen oder »geistgeschmiedeten Ketten« (William Blake) als hinderlich erkennen, können wir ihre Umklammerung möglicherweise nicht aus eigener Kraft oder mit Hilfe von Freundeskreis oder Verwandten lösen. Was dann? Eine Möglichkeit ist es, eine Analyse anzustreben, wenn es in erreichbarer Umgebung eine solche Praxis gibt und Zeit und Geld oder Unterstützungseinrichtungen vorhanden sind, die das ermöglichen. Gewöhnlich ist das (angesichts der häufigen Sitzungen) nicht billig, selbst wenn Analytiker häufig einen sehr viel geringeren Stundensatz haben als in anderen Berufen (Medizin oder Recht zum Beispiel) üblich ist.

Die erste Anlaufstelle für jemanden, der unter einer beeinträchtigenden psychischen Erkrankung leidet, ist heute häufig ein Arztbesuch, danach eine Überweisung an einen Psychologen oder einen Psychiater. Die Psychiatrie war bereits etabliert, als Freud seine Ausbildung zum Arzt machte, und er hatte damit viel Erfahrung. Psychiatrie ist das medizinische Fach für die Klassifizierung, Diagnose und Behandlung von psychischen Störungen; die Neurologie, Freuds erste Fachrichtung, beschäftigt sich mit der Untersuchung und Behandlung des Nervensystems und seiner Störungen.

Unterschiedliche Gesellschaften bieten verschiedene Entscheidungsmöglichkeiten. Hier in London gibt es vielfältige Behandlungsoptionen. Ich könnte mich für eine der Meditationstechniken entscheiden, um mein Wohlbefinden zu steigern, und mich in eine Unzahl von Ansätzen bezüglich Körper und Geist vertiefen, die (mehr oder weniger stark) von Elementen des Buddhismus und anderer religiöser Praktiken abgeleitet sind. Ein als »Mindfulness« oder Achtsamkeit bekannter Ansatz genießt heute im Westen wachsende Popularität. Mindfulness-Kurse, die gewöhnlich in Gruppen stattfinden, dauern üblicherweise relativ kurz und regen dazu an, auf Gedanken und Gefühle zu achten, auf Empfindungen einzugehen, wie sie im Körper auftauchen, besonders auf die unbeachteten Eigenschaften der Atmung. Man lernt, flüchtige Gedanken zu registrieren, ihnen aber nicht nachzugehen, und sinnstiftender im Hier und Jetzt zu leben. Dieser Ansatz gilt im Schmerzmanagement als höchst wirksam. In früheren Zeiten versprachen mehrere andere Ansätze bezüglich Psyche und Therapie raschere und positivere Ergebnisse als die freudianische Analyse, unter anderem Gestalt (entwickelt von Fritz Perls und seinen Mitarbeitern) und die Techniken der »personenzentrierten Therapie« (vertreten von Carl Rogers), die in den 1960er Jahren populär wurde.

Es besteht kein Mangel an »Life Coaches« und »Beratern«. Eine prominente Option für die Behandlung von Erkrankungen wie Depression oder akuten Angstzuständen ist die kognitive Verhaltenstherapie (KVT), eine Behandlung, die heute von Gesundheitsdiensten in vielen Ländern anerkannt wird. Sie wurde in den 1960er Jahren entwickelt und war das Ergebnis der Arbeit verschiedener Kliniker, insbesondere des amerikanischen Psychiaters Aaron Beck. Er war von der Psychoanalyse desillusioniert und suchte nach einer schnelleren Methode. Beck kritisierte auch den Behaviorismus, einen weiteren Rivalen von Freuds Sprechkur, der sich an den Experimenten von Pawlow (in Russland) und Watson (in den USA) inspirierte. Die Behavioristen dachten, man könne Menschen konditionieren, verwerfliche oder schädliche Handlungsweisen zu ändern; im Extremfall behandelte dieser Ansatz menschliche Subjekte als dressierbare, kaum komplexere Wesen als Hunde.

Der Fokus der KVT liegt auf dem menschlichen Verhalten, gleichzeitig konzentriert sie sich darauf, die Wahrnehmung der Patienten anzusprechen. Sie ist mit der Analyse nicht wirklich vergleichbar – ihr Behandlungs- und Erkenntnisschwerpunkt ist der *bewusste* Geist. Der Therapeut arbeitet daran, Probleme zu identifizieren, und hilft Klienten dabei, sie zu bearbeiten, wobei er auf Vernunftargumente zurückgreift, um zu zeigen, inwiefern bestimmte eingefahrene Ansichten falsch sind und umgangen werden können. In anderer Gestalt (»Moraltherapie«) hatten derartige Unterfangen auch während des 19. Jahrhunderts Fuß gefasst, als Ärzte und andere Heilberufe versuchten, »gesunden Menschenverstand« einzusetzen, um psychisch Leidende von ihrer fehlerhaften Logik zu überzeugen und sie mit Vernunftargumenten wieder gesund zu machen. Die KVT versucht, Probleme in ihre Bestandteile zu zerlegen und dabei Beweise für und wider eine gegebene »negative« Überzeugung zu diskutieren, und befürwortet manchmal auch »Hausaufgaben«, Techniken des positiven Denkens und Strategien, um nicht von schädlichen Annahmen und Handlungen übermannt zu werden. In der KVT-Ausbildung werden standardisierte Verfahren gelehrt, obwohl natürlich persönliche Eigenschaften auch eine Rolle spielen. Während damit Freuds Fokus auf das Unbewusste vermieden wird, könnte man durchaus argumentieren, dass dabei mächtige unbewusste Prozesse mobilisiert werden, auch wenn sie geleugnet werden.

Die KVT bietet, so könnten ihre Befürworter es ausdrücken, einen geradlinigen, raschen Weg, der effizienter ist als die Analyse. Analytische Kritiker der KVT könnten dagegen einwenden, dass man ohne eine konstante Erforschung von unbewussten Konflikten letztlich möglicherweise nur eine neurotische »Lösung« gegen eine andere eintauscht und nichts über die wahre Bedeutung und den Sinn seiner Symptome oder seines Charakterpanzers lernt. Zudem kann der KVT-Therapeut einfach nur eine weitere idealisierte Gestalt sein, der gehorcht wird.

In der Nachkriegszeit leitete der prominente Psychologe und Befürworter von IQ-Tests Hans Eysenck den allgemeinen Angriff auf die Psychoanalyse ein, indem er behauptete, sie biete keinerlei therapeutischen Nutzen. Allerdings haben verschiedene Experimente seither eindeutig die Wirksamkeit sowohl der Analyse als auch von davon abgeleiteten Formen der Psychotherapie bewiesen: Sie helfen Menschen, unterschiedliche Erkrankungen und Symptome von Panikattacken bis zu chronischer Depression zu mildern oder zu überwinden. Im Vergleich zu KVT-Enthusiasten haben Analytiker ihre Arbeit allerdings erst verhältnismäßig spät solchen Studien unterzogen und zeigten sich häufig gegenüber dem gesamten Unternehmen der Testung von Resultaten als solchem misstrauisch oder sogar extrem kritisch, wobei sie hervorhoben, wie häufig die Ergebnisse verkürzend und grob utilitaristisch sind.

Die Psychoanalyse ist nicht so einflussreich, wie sie es einmal war, zumindest im Großbritannien der Nachkriegszeit, in Frankreich und besonders in den USA, sie hält sich aber nichtsdestotrotz als wesentliche Kraft und besteht sowohl in ihrer traditionellen Form als auch in verschiedenen Ablegern und Adaptierungen weiter, von denen manche weniger intensiv und daher weniger teuer sind. In einigen Teilen der Welt, besonders in Lateinamerika, wuchs ihr Einfluss im späteren 20. Jahrhundert erheblich, auch wenn er anderswo abgenommen haben mag.

Die Psychoanalyse ist also eine Form der Befragung, eine Theorie der Psyche und eine Behandlungsform, die sich vor allem mit dem Unbewussten beschäftigt. Sie entwickelte sich zu einer Bewegung und zu einer Reihe von Institutionen, die viele Menschen inspirierten, aber auch viele Gegner auf den Plan riefen. Sie ist kein Thema, dem gegenüber man normalerweise neutral bleibt! Freuds Ideen wurden auch auf die Geschichte, das Kino, die Gesellschaft, Religion,

Management und Unternehmen, das Theater, die Gruppendynamik und die Erforschung von Ideologien angewandt.

Viele Einsichten aus Freuds Werk sind nie übertroffen worden; dennoch machten Theorie und Praxis im Laufe des vergangenen Jahrhunderts wichtige Fortschritte. Die Erkenntnisse nicht nur von Freud, sondern auch von Klein, Bion, Winnicott und Lacan (um nur einige zu nennen) bieten eine Fundgrube an klinischer Erfahrung und Ideen, Modellen von Psyche und unbewussten Beziehungen, die früher in der Geschichte der Bewegung schlicht nicht zur Verfügung standen.

Die Kritik an der Psychoanalyse und ihren Unterbewegungen ist vielgestaltig. Manchmal führten Meinungsverschiedenheiten innerhalb der Hauptströmung der Tradition zu neuen Ideen und modifizierten Techniken. Bei anderen Gelegenheiten lösten die Einsprüche einiger früher Freud-Anhänger unlösbare Differenzen und Abspaltungen aus. Von Anfang an war die Bewegung sehr viel mehr als die Arbeit eines Mannes; sie führte viele Denkströmungen aus Vergangenheit und Gegenwart zusammen. Einiges verdankte die Psychoanalyse dem philosophischen Denken von Schopenhauer und Nietzsche. Sie stand zudem im Zusammenhang mit der Arbeit anderer Psychologen wie Pierre Janet in Frankreich, der ausführlich über das Unbewusste geschrieben und eine Vielzahl von klinischen Beispielen vorgelegt hatte, und war von ihm möglicherweise auch stärker beeinflusst, als Freud es je eingestehen wollte. Jedenfalls waren ähnliche Ideen im Europa des *Fin de siècle* weit verbreitet und wurden auf unterschiedlichste Art und Weise erforscht.

Mit der Verbreitung der analytischen Bewegung schuldete Freud besonders vertrauten engen Mitarbeitern und Anhängern viel, etwa Karl Abraham und Ferenczi. Zweifellos war Freud jedoch ein Riese der Disziplin und ist weiterhin ihre weitaus bekannteste Gestalt. Nur ein Verbündeter hatte zu seinen Lebzeiten einen auch nur annähernd vergleichbaren Wiedererkennungswert: Carl Jung, ein berühmter junger Kollege, an den Freud eine Zeitlang große Hoffnungen geknüpft hatte. Jung zerstritt sich jedoch mit Freud und verließ (noch vor dem ersten Weltkrieg) die Bewegung, um seinen eigenen charakteristischen Zugang zu gründen, der allgemein als »analytische Psychologie« bekannt ist.

Diese »sehr kurze Einführung« will weder eine kleine intellektuelle Biographie noch ein detailliertes Gruppenporträt oder auch eine schrittweise Darstellung jeder bahnbrechenden Idee in der Analyse sein. Meine Erzählung bewegt sich frei zwischen Vergangenheit und Gegenwart und stellt hoffentlich die Hauptgeschichte ausreichend dar, um zeitgenössische Zugänge zum analytischen Denken und zur klinischen Praxis verständlich zu machen.

KAPITEL 2

Die Anfänge der Psychoanalyse

Die Psychoanalyse entstand zwischen den 1880er Jahren und der Jahrhundertwende. Ihr Ursprung kann auf viele Quellen zurückgeführt werden, vor allem auf Freuds Arbeit über Hysterie und Träume, seine Studien zu alltäglichen »Fehlern« (etwa Versprecher oder Fehlleistungen) und seine Untersuchungen zur Sexualität. Der Ausdruck »Sprechkur«, der häufig gleichbedeutend mit »Psychoanalyse« benutzt wird, wurde geprägt, bevor Freuds bedeutendste Ideen das Licht der Welt erblickt hatten. Bertha Pappenheim, eine Patientin (die später eine Verfechterin von Frauenbildung und Frauenrechten werden sollte), beschrieb damit ihre Erfahrung mit einer Behandlung durch Freuds Kollegen Josef Breuer in den frühen 1880er Jahren. Obwohl es nicht ganz korrekt wäre zu behaupten, sie sei je völlig geheilt worden, kann es durchaus sein, dass sie stark davon profitierte. Ihr Satz fing eine wesentliche Idee ein: Pappenheim hatte es als erleichternd empfunden, das erste Auftauchen eines bestimmten Symptoms aufzudecken und mit ihrem Arzt über die Umstände und ihre frühen Erinnerungen zu sprechen.

Zu dieser Zeit waren Diagnose und Behandlung von Pappenheims mutmaßlicher Erkrankung (der Hysterie) im Fluss. Ärzte auf der Suche nach neuen Lösungen experimentierten mit Ansätzen, unter anderem mit Hypnose. Sie interessierte zum Beispiel, ob sie einer hypnotisierten Patientin befehlen könnten, bestimmte Symptome anzunehmen und wieder abzulegen.

Pappenheim litt an einer Reihe von lähmenden Symptomen, die scheinbar keine organische Ursache hatten. Sie tendierte dazu, sich auszuhungern, zeigte Sprachstörungen und war zeitweise gelähmt. Während einige Ärzte weiterhin annahmen, dass letztlich eine physische Erklärung für diese Art von hysterischem Fall zu beweisen sein würde, konnte niemand ihre Lähmungen und Anfälle von Handlungsunfähigkeit verstehen. In ihrer Behandlung wurde sie in Trance versetzt. Sie sprach dann von ihrer Vergangenheit und brachte verstörende und zuvor unzugängliche Erinnerungen und Gedanken zur Sprache, nicht zuletzt in Bezug auf ihren verstorbenen Vater. Dieses Freilegen dessen, was wir heute ihre Beziehungen zu ihren »wichtigsten Menschen« nennen könnten, schien zu helfen: Es fand etwas wie eine emotionale Entladung statt und einige ihrer Symptome wurden gelindert.

Auch Freud versuchte sich im Hypnotisieren von Patienten. Über Hysterie lernte er viel von Charcot und Bernheim, zwei hochrangigen, rivalisierenden Ärzten im Frankreich der 1880er Jahre. Freud griff auf, was er auf Forschungsreisen im Ausland gelernt hatte, gab die Praxis der Hypnose aber wieder auf. Er konzentrierte sich immer mehr auf die Sprache der Patienten und deren Mehrdeutigkeit. Er wollte, dass der Patient wach ist, indem er so frei wie möglich spricht, und zeigt, wie das Unbewusste sich Bahn bricht und nach Ausdruck sucht. Die Hysterie zeigte Freud zufolge die dynamischen Kämpfe auf, die in der Psyche stattfinden.

Freud und Breuer argumentierten in einer gemeinsamen Publikation von 1895, dass Hysteriker an Konflikten in Bezug auf vergrabene Erinnerungen litten. Freud ließ sich von Pappenheim und ähnlichen Geschichten inspirieren und war überzeugt, dass das Sprechen in einer sicheren Umgebung es Patienten ermöglichen könnte, lähmende Symptome zu enträtseln, indem untergegangene Gedanken, Wünsche und Ängste zu Bewusstsein gebracht würden. Kritiker haben allerdings oft lautstark bezweifelt, dass die Psychoanalyse sich je von den Techniken der Suggestion gelöst hat. Für sie war der charismatische Einfluss des Analytikers ein bedenklicher Aspekt des Verfahrens, wodurch Patienten allzu leicht in die Falle einer Abhängigkeit geraten, entgegen Freuds allfälligen Beteuerungen, solche unbewussten Geisteszustände analysieren und nicht ausnutzen zu wollen. Freud selbst interessierte und beschäftigte sich innerhalb und außerhalb des Sprechzimmers immer für die Macht der Suggestion in allen ihren Formen und wollte lernen, ihre unbewussten Quellen zu verstehen.

Bestimmte Erinnerungen und daraus entstehende Gedanken, so Freud, machten hysterischen Patienten so schreckliche Angst, dass sie diese verdrängten. In den 1890er Jahren entwickelte er zudem die Idee der freien Assoziation und drängte Patienten, zu versuchen, sich zu verhalten (wie er es einige Jahre später formulierte) »wie [...] ein Reisender, der am Fensterplatze des Eisenbahnwagens sitzt und dem im Inneren Untergebrachten beschreibt, wie sich vor seinen Blicken die Aussicht verändert.« Die freie Assoziation wird allerdings ständig unterbrochen, damit Patient und Analytiker in einer Sitzung den Augenblick erforschen können, an dem – um die Analogie weiterzuführen – im psychischen Fenster eine Blende heruntergezogen und die Aussicht versperrt wird.

Pappenheim (oder »Anna O«, wie sie in der Literatur genannt wurde, um – erfolglos – ihre Identität zu verschleiern) mag enthusiastisch gewesen sein, doch die Begeisterung ihres Arztes wurde, zumindest Freud zufolge, zunehmend geringer; er berichtete, Breuer habe die Sitzungen beendet, als ihn ihre *auf ihn bezogenen* verliebten Wünsche und Gedanken beunruhigten. Zu dieser Zeit stand noch keine psychoanalytische Sprache zur Verfügung, um die unbewusste Gefühlsladung zu erklären, die im Sprechzimmer erneut aufflammen kann. In einer bahnbrechenden Erkenntnis bezeichnete Freud dies später als »Übertragung« und zeigte damit unsere Tendenz auf, die Lasten der

Vergangenheit unbewusst in aktuelle Beziehungen mitzunehmen und damit vergrabene Gefühle, Erwartungen und Vorstellungen in neue Gestalten zu »investieren«. Die Analyse, so schloss er, kann einen Raum bieten, in dem der Patient mit Hilfe des Analytikers dieses Übertragungsmuster erkennen und letztlich verändern kann. Frühe emotionale Interaktionen, die manchmal lange verdrängt werden, werden »noch einmal durchlebt«, können dann aber im besten Fall erfasst und besser verstanden werden. Heute würde allerdings kaum jemand noch behaupten, dass sich die Übertragung je *völlig* »auflöst«. Freud bemerkte, dass »ihre Handhabung das schwierigste wie das wichtigste Stück der analytischen Technik« bleibt.

EREIGNISSE UND PHANTASIE

Freud brauchte einige Zeit, um eine Theorie über die Bedeutung des sexuellen Materials zu entwickeln, das er und seine Kollegen von ihren Patienten zu hören bekamen. Er stützte sich zunächst auf eine bestimmte Hypothese: Die zuvor verdrängten Gedanken von Hysterikern waren unerträgliche frühe Erinnerungen an sexuelle Übergriffe durch jemand anderen (die während der Adoleszenz erneut aufgerührt werden), möglicherweise eines der Geschwister, häufig aber ein erwachsenes Familien- oder Haushaltsmitglied. Allerdings begann er, als ein Fall von derartiger Belästigung und Vergewaltigung nach dem anderen auftauchte, zu bezweifeln, dass immer unbedingt reale Ereignisse die

Ursache der psychischen Störung seien. Er dachte auch über seine eigenen wiederkehrenden hysterischen Symptome nach, während er an seiner »Selbstanalyse« arbeitete (ein Versuch, seine vergrabenen Gedanken zu erkunden, vor allem durch die Beschäftigung mit seinen Träumen).

Freud wandte sich immer mehr den Ängsten und Phantasien des Subjekts zu, wobei er immer stärker betonte, wie komplex, unvollständig und unzuverlässig Erinnerungen sich erweisen können. Wir rekonstruieren, selbst während wir uns bemühen, uns zu erinnern – und dabei verdrehen wir, fügen Dinge hinzu oder lassen sie weg. Während er den tatsächlichen Einfluss anderer auf das Ich nicht leugnete, war doch diese Schwerpunktverschiebung in seinen eigenen Forschungen in den 1890er Jahren sehr deutlich: Er vertrat die Ansicht, dass die verstörende Szene einer »wiederentdeckten« sexuellen Aktivität in Wirklichkeit nur ein Merkmal der eigenen gedanklichen Zwänge sein könnte.

Analytiker sind oft auf die Frage der traumatischen Auswirkungen von Familie und Umgebung zurückgekommen. Viele Kontroversen umgeben dieses Problem: Wie viel Gewicht soll Anlage und Umwelt, Innenwelt oder sozialem Umfeld, Vergangenheit und Gegenwart jeweils zugesprochen werden, während wir versuchen, uns selbst zu verstehen? Wie lassen uns Umstände entgleisen, wie gestalten wir je nach Charakter die Umwelt, in der wir leben, und die Beziehungen, auf die wir uns verlassen? Positive und negative

Spiraleffekte können sich durch die Art ergeben, wie Menschen innerhalb von Familien oder auch in größeren Gruppen miteinander umgehen. Und psychische Probleme können sich manchmal über Generationen hinweg übertragen.

Freud schrieb manchmal auch über gesellschaftliche Gruppen, sogar ganze Gesellschaften, sein Hauptaugenmerk galt jedoch dem Unbewussten des Einzelnen und dem Reich der Phantasien. Manche Analytiker verwenden diese Schreibweise mit »ph«, um eben die unbewusste Form zu bezeichnen. Für Freud verwies Phantasie auch auf einen Zusammenhang mit der Vorstellung von psychischem »Spiel«. In seinem Artikel über *Die Dichter und das Phantasieren* von 1908 behauptete er sogar, dass wir möglicherweise gedanklich Vorstellungen formen, wie wir das früher mit Spielzeug getan haben, um eine eigene Welt zu erschaffen. Das Problem dabei ist, so schrieb er, dass »das Phantasieren der Menschen [...] weniger leicht zu beobachten [ist] als das Spielen der Kinder.«

Freud interessierte sich immer für die *Interaktion* zwischen Psyche und gesellschaftlichen Umständen, »innerer« und »äußerer« Wirklichkeit. Die Tatsache, dass wir uns (wie er überzeugend zeigte) in Scheinwelten hineinsteigern und die Vergangenheit umgestalten können, wenn uns unsere Erinnerung täuscht, sollte natürlich nie als Freispruch für Erwachsene betrachtet werden, die tatsächlich Kinder missbrauchen, oder dazu dienen, soziale Not und materielle oder auch emotionale Entbehrungen zu ignorieren.

Die brutale, unsichere und beängstigende Umgebung, die Soldaten im Ersten Weltkrieg erdulden mussten, war Anlass für Freud und andere Analytiker, sich die Beziehung zwischen innerer und äußerer Realität noch einmal anzusehen und erneut die Folgen von lebenserschütternden Ereignissen zu betonen. Es gab überreichliche Beweise dafür, dass viele Männer, die gesund und fit in den Krieg gezogen waren, als von Alpträumen gequälte Wracks zurückkehrten. Das zeigte, wie die Umstände unsere tiefsten Verletzlichkeiten aufrühren, unverarbeitete Ängste hervorrufen oder wieder heraufbeschwören und uns in unerträgliche Schuldgefühle stürzen können, überhaupt überlebt zu haben, während jemand anders gestorben ist. Traumatische Erfahrungen können in jeder Lebensphase auftreten, nicht nur im Säuglingsalter oder in der Kindheit.

Die Analyse hat einige umfassende, sogar verallgemeinernde Theorien, besteht aber auch auf der jeweils eigenen psychischen Geschichte jedes Individuums und seinen eigenen Reaktionen auf das Leben. Sie beschäftigt sich mit den Launen der persönlichen Existenz und lehnt jegliche Vorstellung ab, dass wir einfach nur Typen wären. Natürlich zeigt uns der analytische Zugang, dass wir vor gemeinsamen Dilemmata stehen, etwa, was wir mit Müttern, Vätern, Freunden, Geschwistern, dem allgegenwärtigen Problem des Alterns und der Sterblichkeit oder auch dem Narzissmus anfangen sollen. Doch jeder von uns findet mit diesen Dingen seinen eigenen besonderen Umgang. Zwischen

Bettler und König steht ein Abgrund, und doch beginnen wir das Leben alle, wie Shakespeare schrieb, als »Kind, das in der Wärtrin Armen greint und sprudelt«, und wir sind alle mit einer Aussicht auf ein Ende in »zweiter Kindheit, gänzlichem Vergessen | Ohn Augen, ohne Zahn, Geschmack und alles« konfrontiert. Wie jeder einzelne mit diesen Tatsachen des Lebens umgeht, unter anderem der Hilflosigkeit des Säuglings und der Unausweichlichkeit des Todes, ist eine andere Frage. Die Analyse identifiziert und erkundet gemeinsame Strukturen, enthüllt aber auch, um einen Ausdruck der aus Neuseeland stammenden Analytikerin Joyce McDougall zu zitieren, unzählige mögliche »Theater der Seele«.

Leben und Tod, meinte Freud, konfrontieren uns mit zwiespältigen Gefühlen; wir sind ihm zufolge dazu bestimmt, zu lieben und zu hassen, wissen zu wollen und nicht wissen zu wollen, zu erschaffen und zu zerstören, aktiv und untätig zu sein. Gemischte Gefühle sind auch gegenüber den Eltern unvermeidlich, die uns ins Leben gerufen haben und uns gewöhnlich aufziehen. Irgendwie müssen wir mit der Ambivalenz umgehen, der Tatsache, dass wir uns nach derselben Person oder Sache sehnen und sie gleichzeitig hassen können. Diese Gefühlskombination wird in dem langen und notwendigen Kampf darum, sich abzunabeln und ein Identitätsgefühl zu entwickeln, machtvoll aufgerufen.

Freuds wachsende Zweifel bezüglich seiner ersten Hypothese (die unglücklicherweise als »Verführungstheorie« bekannt ist) lieferten späteren Kritikern Munition. Er schrieb manchmal unvorsichtig über diese frühe Perspektivenverschiebung, und seither haben nicht wenige behauptet, er habe die (absurde) Position vertreten, dass »das Böse« sich auf die Welt der unbewussten Imaginationen des Subjekts beschränkt. Es geht hier nicht um ein Entweder-Oder. Doch er stellte psychische Konflikte ins Zentrum der *analytischen* Suche. Wichtig daran war, dass schockierende und missbräuchliche Übergriffe von Erwachsenen gegenüber Kindern keine *notwendige* Bedingung für Hysterie sind.

Diese Debatte darüber, wo Freud in seinen veränderlichen Untersuchungen zu Neurosen und ihren Ursachen richtig oder falsch lag, hat nie aufgehört, und sie regte auch andere Kliniker an, ihr Verständnis der Implikationen seiner Vorstellung bezüglich der »Verführung« zu erweitern. Viel später vertrat etwa der französische Analytiker Jean Laplanche die Ansicht, dass alle Kleinkinder, und nicht nur jene, die unzulänglichen oder übelwollenden Betreuungspersonen ausgesetzt sind, darum ringen, die geheimnisvollen Bedeutungen des erwachsenen Begehrens zu enträtseln. Babys und Kleinkinder haben nicht nur Empfindungen, sondern begegnen den mysteriösen Freuden und Leiden, Wünschen und manchmal Hassgefühlen der Erwachsenen in Gestalten, die sie noch nicht »lesen« können. Die Handlungen und Wünsche anderer sind immer zum Teil undurchsichtig, aber besonders in unseren frühen Jahren registrieren wir im anderen

»unmetabolisierte Spuren« von Gefühlen und Haltungen, ohne sie zu verstehen.

Missbrauch, so Laplanche, muss in Bezug auf dieses größere Problem der Bedeutung und auf die Schwierigkeiten gedacht werden, mit denen wir ringen, wenn wir die Gedanken anderer zu entziffern versuchen. Wir müssen alle mit den vielen Hinterlassenschaften aus der frühen Kindheit zurechtkommen, mit Gefühlen, Vorstellungen und Identifizierungen kämpfen, die zu unterschiedlichen Momenten auftauchen, verschüttet sein oder neu besetzt werden können. Wir müssen aus einer Vielzahl unterschiedlicher Quellen und Einflüsse Identitäten gestalten oder formen.

Die Tatsache, dass Erwachsene sich aggressiv, ausbeuterisch oder sadistisch verhalten können, bedeutet nicht, dass das Kind sie unbedingt als hassenswerte und zu meidende Feinde sieht. Misshandlungsopfer können verzweifelt versuchen, die Liebe ihres Peinigers festzuhalten, ja ihn sogar idealisieren (eine Situation, die oft im späteren Leben wiederholt wird). Menschen, die missbraucht worden sind, können sich auch »mit dem Angreifer identifizieren«, ein Gedanke, der besonders differenziert von Ferenczi und Anna Freud verfolgt wurde, die zeigten, wie Patienten möglicherweise so unerträgliche Gefühle abwehren müssen, die mit dem Opfersein verbunden sind. Mit Identifizierung meinen Analytiker die Art und Weise, wie jemand »einen Aspekt, eine Eigenschaft oder ein Attribut eines anderen assimiliert«. Wie Laplanche und Jean-Bertrand Pontalis es in ihrem unschätzbaren

Glossar *Das Vokabular der Psychoanalyse* formulierten, kann sich ein Subjekt durch Identifizierung »vollständig oder teilweise nach dem Vorbild des anderen [umwandeln]«.

Patienten bringen Überreste ihrer Vergangenheit mit in die Analyse. In diesem Prozess erinnern sie sich vielleicht an lange vergessene Dinge, ziehen neue Verbindungslinien oder sehen alte Beziehungen in einem neuen Licht. Wie »dort und damals« sich auf »hier und jetzt« bezieht, und welche Verwerfungen sich in der Wahrnehmung ergeben, sind nicht nur abstrakte Fragen – sie können mit einem bestimmten Patienten in einer gegebenen Sitzung oft genau und sinnstiftend erkundet werden. Es gibt verwandte Formen der Psychotherapie, die Paar- oder Familienarbeit einbinden, doch in der klassischen Analyse bringt das Individuum Beziehungen und soziale Netzwerke nur insofern ein, als es darüber spricht, oder vielleicht manchmal (bewusst oder nicht) bestimmte Menschen oder Aspekte ihrer Psyche imitiert, vielleicht, um dem Analytiker zu vermitteln, wie sie sind.

DIE REALITÄT UND DAS UNBEWUSSTE

Das Unbewusste umfasst Freud zufolge einige ererbte Inhalte, die nie in das Bewusstsein eines Menschen vorgedrungen sind. Sein Hauptinteresse bezog sich allerdings auf das, was einmal bekannt war oder zumindest kurz zum Vorschein war und dann aktiv aus dem

Bewusstsein gedrängt wurde. Seine Darstellung der Psyche (1900) im berühmten Kapitel 7 der *Traumdeutung*, die als das topographische Modell bekannt ist, bot einen theoretischen Ausgangspunkt für die Analyse. In diesem Modell besteht die Haupttrennung zwischen Bewusstem und Unbewusstem, zusätzlich beschrieb Freud jedoch auch das »Vorbewusste«, um den Gedanken und Gefühlen Rechnung zu tragen, an die wir uns erinnern *können,* die aber im gegenwärtigen Augenblick nicht in unserem direkten Bewusstsein sind. Er beschrieb zudem einen inneren Zensor, der herausfiltert oder umformt, was für das bewusste Ich besonders unangenehm ist.

Die Analyse leugnet die Macht der materiellen, von der Psyche unabhängigen Realität nicht. Sie legt jedoch nahe, dass wir alle bewusst und unbewusst unsere eigene Version von unserem vergangenen und gegenwärtigen Leben konstruieren. Wir projizieren psychische Inhalte in die Bilder von Dingen »da draußen«, in andere Menschen oder bestimmte Situationen, und nehmen diese Versionen dann wieder in uns auf. Damit ist es nicht möglich, die Wirklichkeit unverfälscht zu betrachten. Diese Behauptung ist sicherlich nicht die alleinige Domäne der Psychoanalyse: Viele Philosophen, Romanautoren und Gesellschaftstheoretiker würden ihr zustimmen. Kurz gesagt, es gibt viele Arten, zu sehen und nicht zu sehen, und keinen allwissenden Standpunkt. Wir nehmen alle auf unnachahmliche Art und Weise wahr, unsere Welt stückeln wir aber über den gemeinsamen Bereich der Sprache zusammen, und über sie können wir ein Gefühl von Sinn entwickeln oder auch verlieren.

Freud lenkte die Aufmerksamkeit auf Momente, zu denen wir äußere Zwänge möglicherweise völlig aus den Augen verlieren oder unsere Psyche nicht mehr beachtet, was er das »Realitätsprinzip« nannte. Wenn wir stattdessen nach dem »Lustprinzip« funktionieren, können wir zeitweise in einem erfreulichen Geisteszustand leben und versuchen, genau das heraufzubeschwören, was uns fehlt. Wenn ihre Mütter nicht da sind, halluzinieren Kleinkinder manchmal sogar Brust oder Flasche. Der Vorteil am Daumen des Kleinkinds ist, dass er beliebig gelutscht werden kann. Solche Ersatzhandlungen können sowohl befriedigend *als auch* frustrierend sein. Diese Fähigkeit, das herbeizuträumen, was manchmal so schmerzlich vermisst wird, kann das Einzige sein, das einen Menschen zusammenhält.

Dieser Versuch, dem Lustprinzip zu folgen, der im frühen Leben oder in traumatischen Situationen als entscheidende »Anpassungsfähigkeit« erscheinen mag, kann auch zum Ausdruck psychologischer Schwierigkeiten werden – zum Beispiel, wenn wir glauben, die Welt ungeachtet der Realität vollkommen zu beherrschen. Halluzination oder Wunschdenken bringt uns nicht wirklich weiter. Freud schrieb, dass die Realität einbricht, wenn das Kleinkind – vielleicht, weil es zu hungrig ist, um sich damit zufriedenzugeben – erkennt, dass solche selbstgemachten Bilder und

Substitute auch enttäuschen: Imaginiertes Essen ist weder real noch nahrhaft.

Das Realitätsprinzip bedeutet anzuerkennen, dass nicht ständig alles erfreulich oder kontrollierbar sein kann. Oft schwanken wir, wenn wir versuchen, das Aufschieben von Wünschen zu akzeptieren, uns mit nicht ganz idealen Ergebnissen zu arrangieren und uns mit unserer eigenen Abhängigkeit und unseren Grenzen abzufinden. Eine unerbittliche Realität zeichnet sich früher oder später ab: In manchen Träumen schwingen wir uns durch die Lüfte und in Kinderspielen schlüpfen wir vielleicht in die Rolle von Superman oder Superwoman; aber nur ein ernsthaft manischer, verblendeter und/oder sturzbetrunkener Erwachsener würde einen Alleinflug über eine Klippe wagen und davon ausgehen, das zu überleben.

TRÄUME

Die Entwicklung der Psychoanalyse beruhte auf mehreren Ideen, die sich um die Jahrhundertwende herauskristallisierten; die wichtigste war wahrscheinlich Freuds *Traumdeutung*. Er erklärte darin seine Methode zum »Königsweg« der Erkenntnis über die unbewussten Aktivitäten der Psyche und bemerkte zu seiner Arbeit, dass eine derartige Einsicht nur einmal im Leben vorkommt. Der Traumzustand kann wie der Hypnosezustand Zugang zu verboteneren Gedanken bieten, da die Zensur dabei teilweise ausgeschaltet wird. Freuds Verständnis nach sind Träume ein Kompromiss zwischen der Notwendigkeit zu zensieren und der Macht des Unbewussten, das zum Ausdruck drängt. Er beobachtete, dass Träume eine offensichtliche Funktion haben – sie helfen uns, weiter zu schlafen; sie enthalten auch eine Vielzahl von meist verschleierten Gedanken und Wünschen. Um mit der Enträtselung der Träume zu beginnen, schlug Freud vor, dass der Träumende Assoziationen vorbringen und dem Gedankengang, den die einzelnen Elemente der Szene hervorrufen, dabei freien Lauf lassen solle.

Einer von Freuds eigenen Träumen ist ein gutes Beispiel dafür. Er erinnerte sich aus dem Traum an ein Buch, es »liegt vor mir, ich blättere eben eine eingeschlagene farbige Tafel um. Jedem Exemplar ist ein getrocknetes Spezimen der Pflanze beigebunden, ähnlich wie aus einem Herbarium.« Das klingt ein wenig trocken. Doch dann benutzte er den Traum, um weitere Gedanken freizulegen und sichtbar zu machen, wie das Unbewusste die Dinge miteinander verwebt. Er erinnerte sich, dass er an diesem Morgen ein Buch über Zyklamen, die Lieblingsblumen seiner Frau, gesehen und sich dadurch schuldig gefühlt hatte (er dachte so selten daran, ihr solche Geschenke zu bringen, obwohl sie sich so darüber freute). Er assoziierte dazu eine Abhandlung, die er über die Kokapflanze und die anästhetischen Eigenschaften von Kokain geschrieben hatte, die es mit den Arbeiten anderer Wissenschaftler aufnehmen sollte. Dieser Gedankengang führte zu einem Themenkomplex über Krankheit und Operationen. Freud erinnerte sich daran, dass sein Vater an Glaukom erkrankt war, kurz nachdem er (Sigmund) in diese Arbeit vertieft gewesen war. Er stellte eine neue Verbindung zum vorangegangenen Abend her, als er mit Professor Gärnter gesprochen und ihm und seiner Frau zu ihrem blühenden Aussehen gratuliert hatte. Die Assoziationen wucherten weiter.

In jedem Beispiel nutzte Freud die unmittelbare Erinnerung, um zu sehen, welche Assoziationen auf Menschen oder Ereignisse ebenso wie psychische Zustände wie Schuldgefühl, Neid, Ehrgeiz und Aggression folgten. In diesem Fall generiert der Traum, der in wenigen Zeilen wiedergegeben werden kann, eine Vielzahl von Assoziationen, die einen wesentlich längeren Text erfordern. Selbst dann, dachte er, würde die Assoziationskette auf eine Grenze stoßen; diese nannte er den »Nabel« des Traums, den Punkt, an dem dieser ins Innere verschwindet, in eine vollkommen unerkennbare Dimension seiner selbst. Dasselbe gilt für die Analyse. Kein Analytiker würde behaupten, ein Patient könne je eine Behandlung »abschließen« oder die Bedeutung von Gedanken und Handlungen vollständig enträtseln.

Träume enthalten solche gedrängten Gedanken nicht nur: sie überarbeiten sie. Der Traum hat auch eine minimale Form, die, wie Freud meinte, mit gewissen »Voraussetzungen der Verständlichkeit« korrespondiert. Entscheidend ist, dass diese Bewegung zwischen den Grundgedanken und der Gestalt des Traums durch etwas geleistet wird, das Freud die *Traumarbeit* nannte. Sie schließt die unbewusste Fähigkeit ein, ein

Ding in ein anderes zu verschieben oder sogar zwei (oder mehrere) Elemente zusammenzufassen oder zu verdichten, die recht widersprüchlich sein können.

Zu glauben, vor Freud wären Träume allgemein als flüchtige Erscheinungen behandelt worden, wäre ziemlich falsch. Der Psychoanalyse gingen viele psychologische Theorien und Deutungen des Traumlebens voraus. Einige von ihnen, allerdings längst nicht alle, sahen derartige Phänomene als göttliche oder teuflische Einflüsterungen; es war ganz üblich, Träume als Omen zu betrachten. Freuds Arbeiten entstanden im Gefolge der Aufklärung; wenn er sich auch für religiöse Überzeugungen und Aberglauben interessierte, waren sein Zugang und Stil betont säkular, und seine Arbeit war der Versuch einer Tiefenanalyse, keine Befürwortung dessen, was er als irrationale subjektive und gesellschaftliche Glaubensvorstellungen betrachtete.

Er interessierte sich auch besonders für das »Unheimliche«, auch wenn ihm zufolge seine Absicht dabei vor allem wissenschaftlich war. Freud hatte die Tendenz, Psyche und Welt mit einem ironischen und desillusionierten Blick zu betrachten, während er auch Prozesse wie Telepathie nicht unbedingt als abstrus abtat. (Freud, der auf sein Judentum stolz war und sich damit identifizierte und den Antisemitismus aufmerksam beobachtete, bezeichnete sich selbst als »gottlosen Juden«). Er betrachtete Träume gewiss nicht als eingegebene Weissagungen, noch feierte er sie in erster Linie als Katalysatoren künstlerischen Ausdrucks. Freuds Interesse war hier zum Teil Ideen geschuldet, die von den Romantikern verbreitet worden waren, und dennoch beschritt seine Arbeit neue Wege, indem sie eine Methode vorstellte, die Inhalte von Träumen im Wachzustand zu bearbeiten, um mehr über unser verborgenes psychisches Leben zu erfahren.

Träume verdichten ihm zufolge also unvereinbare Gedanken. Die Pflanze im botanischen Traum fasst unterschiedliche Elemente in einer einzigen Szene zusammen. Dabei kommt es auch vor, dass ein Wort oder Bild sich seitlich heraus oder in ein anderes verschiebt. Während unsere geordneteren Gedanken bestimmten Konventionen folgen und manches als lächerlich aussieben, stehen im Unbewussten gewöhnlich gegensätzliche Vorstellungen nebeneinander. Verstörende, wunderliche oder für unseren wachen Geist »unmögliche« Aussagen können in Träumen scheinbar ohne irdische Zwänge bestehen.

Es gab Unstimmigkeiten: Freud besprach sogenannte »typische Träume«, ein Konzept, das im Widerspruch zu seiner Hauptthese steht. Hier griff er auf die traditionelle Ansicht zurück, dass Traumsymbole letztlich unabhängig vom Träumenden geteilt werden und übersetzt werden können, eine alltägliche Annahme in vielen viktorianischen Traumbüchern. Doch selbst oberflächlich ähnliche Träume von zwei Patienten würden nach Freuds Hauptargument voneinander abweichen, sobald die Assoziationen zu fließen beginnen.

Freud meint, dass Träume von versteckten Auseinandersetzungen und verbotenen Wünschen erzählen; seine Arbeiten zeigen, wie Analytiker und Patient dennoch in der Kur gemeinsam erkunden können, was sich sowohl hinter Träumereien als auch hinter Alpträumen versteckt. Er entwickelte dazu auch eine umfangreichere These bezüglich des allgegenwärtigen unbewussten Seelenlebens und benutzte den Ausdruck »Primärvorgang«, um eine frei fließende Form der psychischen Aktivität zu bezeichnen, die nicht von den Vorgaben von Moral, Zeit oder dem sogenannten gesunden Menschenverstand eingeschränkt ist. Sie stand im Gegensatz zu stärker organisierten, bewussten Formen von Denken und geistiger Funktion, die er »Sekundärvorgang« nannte. Zudem können sogar zügellose Träume »sekundär bearbeitet« werden, wenn wir versuchen, uns daran zu erinnern und sie eventuell ordnen, um eine Geschichte zu formen, und dabei erneut nicht zusammenpassende Elemente verdrängen.

Freud erforschte derartige primäre und sekundäre Vorgänge immer weiter. Seine Vorstellung von der Psyche zeichnet Menschen, die sich ständig abmühen, sich im Zaum zu halten; wir sind zwischen dem lustgetriebenen und häufig ziemlich anarchischen Primärvorgang einerseits und der Notwendigkeit zu zensieren, einzuschränken und zu bearbeiten andererseits gefangen. Oft tun wir letzteres, um es zu vermeiden, uns mit uns selbst oder andere mit zu viel Schmach, Schmerz oder Angst konfrontieren zu müssen. Tatsächlich schlafen wir im Wachzustand am meisten in

Bezug darauf, was beharrlich in unserem Unbewussten vorhanden ist.

VERSPRECHEN UND WITZE

In dieser Frühphase sammelte Freud auch Witze und Geschichten, in denen normalerweise unaussprechliche, aggressive oder obszöne Gedanken toleriert werden. Komikern wird schließlich in vielen Kulturen eine gewisse Freiheit zugestanden. Witze können das Absurde vor Augen führen und bittere Wahrheiten enthalten.

Freud gefiel unter anderem die folgende jüdische Erzählung besonders: »Zwei Juden treffen sich im Eisenbahnwagen einer galizischen Station. ›Wohin fahrst du?‹ fragt der eine. ›Nach Krakau‹, ist die Antwort. ›Sieh her, was du für Lügner bist‹, braust der andere auf. ›Wenn du sagst, du fahrst nach Krakau, willst du doch, dass ich glauben soll, du fahrst nach Lemberg. Nun weiß ich aber, dass du wirklich fahrst nach Krakau. Also warum lügst du?‹« Freud äußerte sich über die Behauptung des ersten Juden, dass der zweite lügt, indem er die Wahrheit sagt, und mit einer Lüge die Wahrheit sagt.

Der ernste Gehalt ist hier die Frage nach den Bedingungen der Wahrheit und wie man zwischen den Zeilen liest; die Geschichte verweist auf das Problem zu erkennen, wie man entziffert, was andere *wirklich* meinen. Sprache ist voller Unsicherheiten und auf Vermutungen angewiesen.

Freud stürzte sich ebenso enthusiastisch auf die Fehler beim Sprechen, die uns allen unterlaufen, die heute »Freud'sche Versprecher« genannt werden – Gelegenheiten, wenn wir zum Beispiel unabsichtlich mit etwas Peinlichem herausplatzen, das bewusst nicht beabsichtigt war. Vor vielen Jahren führte ein beeindruckend ehrlicher Lehrer an meiner Schule folgendes Beispiel an, als er gebeten wurde zu erklären, worum es Freud ging: Er sprach einmal mit einer Gruppe von Mädchen im Abschlussjahr, die wegen der strengen Noten bei einer Prüfung protestierten. Impulsiv antwortete der Lehrer, »Ruhe jetzt, oder ich gehe noch weiter und reiße euch allen noch viel mehr runter«.

Eine Doppeldeutigkeit oder ein Versprecher kann manchmal etwas enthüllen, dessen wir uns bewusst sind und das wir nicht enthüllen wollen; manchmal aber auch einen Gedanken, dessen wir zunächst nicht gewahr waren. Im Jahr 2014 berichtete die Presse von einem entlarvenden Lesefehler des britischen Premierministers David Cameron: In Bezug auf armutsbetroffene Kinder in Sozialwohnungssiedlungen betonte Cameron: »These are the people we resent«[1] – auf dem Teleprompter stand das Wort »represent«. Selbst konservative Zeitungen titulierten das als »Freud'schen Versprecher«. Hier handelt es sich um ein Terrain, das in Freuds *Psychopathologie des Alltagslebens* (1901) ausführlich behandelt wird. Fehlleistungen sind ebenso wie Träume ganz normal. Auch hier verschob

[1] »Das sind Menschen, die uns zuwider sind.« (A.d.Ü.)

Freud wiederum die Aufmerksamkeit betont von ungewöhnlichen Psychopathologien auf gemeinsame menschliche Erfahrungen.

SEXUALITÄT

Freuds Schriften zur Sexualität aus den ersten Jahren des 20. Jahrhunderts waren wohl ebenso bemerkenswert wie seine Arbeit zu Träumen. Seine Diskussion der Sexualität war eine der letzten von einer Gruppe von wichtigen Forschungen von Vorkämpfern für eine weniger prüde Erziehung und medizinische Aufklärung in der ausgehenden viktorianischen Zeit. Tatkräftige Ärzte und Wissenschaftler wie Richard von Krafft-Ebing und Havelock Ellis untersuchten die Vielfalt des Sexualverhaltens und halfen dadurch, ein Forschungsfeld zu etablieren, das später als »Sexualwissenschaft« bekannt wurde. Diese Forscher waren darum bemüht, die Diskussion von Geschlecht und Sex von Geilheit und Pornographie zu trennen und auf eine sachliche wissenschaftliche Grundlage zu stellen. Einige dieser Beiträge umgingen religiöse Einschränkungen, schufen allerdings medizinisch-psychiatrische Normen und stützten damit eine strenge Unterscheidung zwischen »Kranken« und »Gesunden«. Doch die Intention, sexuelle Wünsche und Sexualverhalten offen zu diskutieren, wenigstens unter Medizinerkollegen, war augenfällig. Freud versuchte, mit seinen Patienten ebenso direkt zu sprechen.

Es ist viel diskutiert worden, ob die Menschen der viktorianischen Zeit wirklich so sexuell gehemmt waren, wie es die allgemeine Konvention behauptet. Wie auch immer, der psychoanalytische Ansatz legte nahe, dass es sich als hilfreich und befreiend, aber auch als angstbesetzt erweisen könnte, normalerweise Unsagbares im Sprechzimmer auszuhalten. Einige Analytiker wie etwa Klein bauten auf Freuds Arbeit auf und versuchten zu zeigen, wie erleichternd es selbst für ganz junge Kinderpatienten sein kann, ihre ängstlichsten, erregtesten oder mordlustigsten Gedanken auszusprechen und offen ohne die Aufforderung, »ihre Zunge zu hüten«, angehört zu werden.

In *Drei Abhandlungen zur Sexualtheorie* (1905) steckte Freud den Rahmen ab, indem er die kindliche psychosexuelle Entwicklung, die Entstehung von widersprüchlichen Gefühlen und die Art und Weise ihrer Verdrängung im Detail betrachtete. Er interessierte sich besonders dafür, diejenigen Anteile der Sexualität zu verstehen, die nicht auf biologische Funktionen zurückgeführt werden können. Sicherlich teilte auch Freud die Bestrebung, Menschen als biologische Wesen zu betrachten und stimmte der Evolutionstheorie zu (und legte sogar eigene Spekulationen vor). Doch er schlug eine andere Richtung ein als einer seiner Helden, Darwin, der sich auf Instinktaspekte der sexuellen Selektion und die Mechanismen der tierischen Abstammung konzentriert hatte, indem er die Wechselhaftigkeit des menschlichen Begehrens beschrieb.

Freud zufolge sind wir Tiere mit einem Unterschied; wir sind mit unserer eigenen unbewussten Psyche – und der anderer Menschen – konfrontiert und werden von oft höchst widersprüchlichen »Trieben« bewegt. Mit diesem Begriff meinte er Kräfte innerhalb des Menschen, die zwischen Biologie und Psychologie liegen. Sie haben kein festgeschriebenes Ziel. Ein Trieb kann für seine Befriedigung irgendein Objekt finden, aber weder das Objekt noch die Form, die der Trieb annimmt, stehen im Vorhinein fest. Der Instinkt dagegen impliziert ein vererbtes Reaktionsmuster, das für eine ganze Spezies typisch ist.

Das Fazit von Freuds Darstellung war die Feststellung, dass wir alle mit den Verwirrungen unserer frühen Entwicklung und den drängenden und verunsichernden Eigenschaften der Triebe kämpfen. Freud nahm an, dass wir anfangs alle bisexuell sind. Jeder Mensch findet irgendwelche sexuellen »Lösungen« – zum Beispiel den Mantel des Zölibats, Monogamie, Seitensprünge, Promiskuität, oder eine Identität als »schwul«, »hetero« oder »bi« – allerdings nicht, ohne zuvor Erregungen und Ängste, Kompromisse und Verdrängungen durchgestanden zu haben, die mit frühkindlichen Zuständen in Verbindung stehen. Freud benutzte den Begriff »Libido«, um sexuelles Interesse oder Verlangen zu bezeichnen, aber auch im weiteren Sinne die zugrundeliegende Energie in all jenen Gefühlen, die wir unter »Liebe« zusammenfassen. Er kann sich auf Zuneigung ebenso wie Lust beziehen oder gewisse machtvolle Gefühle beschreiben, die Gruppen und Gemeinschaften aneinanderbinden.

Die Psychoanalyse zeigt, dass die Sexualität eine Menge verschiedener Gefühle umfasst, die genossen, toleriert, unterdrückt oder verlagert werden können. Sie hat Freud zufolge eine machtvoll exzessive und damit potenziell verstörende Qualität. Es gibt vielfältige Arten zu empfinden, und es gibt auch unterschiedliche Geisteszustände, die wir bei anderen antreffen – Zustände, mit denen wir uns selbst identifizieren oder gegen die wir antreten können. Jeder Mensch kann zum Beispiel dem Geschlechtsverkehr eine Vielzahl an bewussten und unbewussten Bedeutungen und Zwecken zuschreiben. Im Unbewussten kann eine Person durchaus für jemand anderen oder etwas anderes stehen.

Freuds Arbeit zur Sexualität ist nicht zuletzt deshalb wichtig, weil sie die Grenzen konventioneller und verallgemeinernder Etiketten andeutet, wie etwa »ein monogames Paar« oder »verdrängte Homosexualität«, um komplexe, eigenwillige Identitäten und Prozesse zu beschreiben. Die Analyse ist per definitionem immer eine Reise ins Unbekannte. Die Sprechkur lädt eben zur Erkundung des unbewussten psychischen Lebens ein und erforscht, was wir, möglicherweise ohne es zu wissen, von uns und von anderen wollen.

Der Säugling, dachte Freud, erlebt Freude, Enttäuschung und Schmerz am intensivsten. Haut, Geruch, Blick, das Saugen oder sogar Ausscheidung und Körperwärme können eine Dividende von psychischem Genuss abwerfen. Bestimmte Körperteile, besonders Mund, Anus und Genitalien, werden zur Quelle einer besonderen Beschäftigung. Vielleicht allzu säuberlich stellte er sich einen standardisierten chronologischen Verlauf vor: orale, anale, phallische, Latenz- und Genital-»Phasen« der Entwicklung.

Während das für manche schockierend oder sogar abstoßend war, waren viele von Freuds Zeitgenossen von seinem Zugang tief beeindruckt: zum Beispiel seine gewagte Untersuchung, inwiefern es zwischen Finanzwesen und Fäkalien erstaunliche unterschwellige Verbindungen gibt. Der bekannte Wirtschaftswissenschaftler John Maynard Keynes ist ein typisches Beispiel: Er gehörte zu jenen, die von Freuds fesselndem Argument eingenommen waren, dass für uns alle Wirtschaft und Politik von instinktiven Gefühlen geprägt sein könnten, zum Beispiel in Bezug auf das Einlagern von Warenstapeln und das Abstoßen von ungewollten Dingen. Keynes erkannte, dass selbst Geld mit sehr starken unbewussten Einstellungen der einen oder anderen Art aufgeladen sein kann.

In seiner Darstellung von Sexualität und Entwicklung gab Freud dem Mann den Vorrang. In der phallischen Phase ist das Hauptproblem für beide Geschlechter die An- oder Abwesenheit des Penis, und nicht eine gleichartige wechselseitige Erkenntnis der körperlichen Differenz. (Später untersuchte er auch ziemlich detailliert, wie Menschen nach Fetischobjekten süchtig werden, zum Beispiel Lackstiefel, und Frauen besondere phallische Macht verleihen, um das Bewusstsein der sexuellen Differenz oder, mit Freuds Worten, des Penismangels der Frau zu meiden).

Der phallischen Phase folgt ihm zufolge die Latenzzeit, die besonders durch Verlegenheit und Scham geprägt ist, in der die sexuelle Dimension tendenziell abgeleugnet wird oder zumindest weniger unmittelbar eindeutig auftritt. All das kulminiert in einer Genitalphase, die besonders in der Pubertät ausgeprägt ist, in der sexuelle Gefühle zielorientierter werden. Die Beschäftigung mit Genitalien, nahm er an, ist bereits in Säuglingsalter und Kindheit deutlich erkennbar, in der Adoleszenz wird die Sexualität aber tendenziell auf neue Art mit dem »Reproduktionsdienst« und damit mit den daran beteiligten Organen verbunden. Doch Freud komplizierte diese Darstellung, indem er betonte, dass eine angeblich erwachsenere (genitale) Sexualität nie frei ist von prägenitalen Aspekten (zum Beispiel oraler Befriedigung).

Viele Spuren von kindlicher Erfahrung und Bedeutung dauern an – Sehnsüchte danach, zum Beispiel zu küssen, zu streicheln, zu umarmen; doch viel von unserem frühen Entzücken und Entsetzen ist auch verdrängt. Freud betonte daher, dass Kinder im Hinblick auf das Sexuelle nicht immun oder unschuldig sind.

Elemente dieser diffuseren kindlichen Sexualität und intensiven Leidenschaft können das ganze Leben hindurch bestehen bleiben, ganz unabhängig von unseren bewussten sexuellen Identitäten oder auch unserer Fähigkeit, wie er es ausdrückte, erotische Gefühle erfolgreich zu *sublimieren.* Beispiele der Sublimierung – die Gelegenheiten, wenn wir sexuelle Gefühle in andere, manchmal »höhere« Ziele umlenken oder subsumieren – wären unter anderem, sich in Kunstwerke oder Musik, sportliche Errungenschaften, philosophische Abhandlungen oder sogar die Entwicklung des psychoanalytischen Denkens zu vertiefen.

Freud zufolge bringt die früheste Kindheit eine Vielzahl an »polymorphen« Vergnügen mit sich. Ironisch nannte er dieses Vergnügen »pervers« und brachte damit eine Kategorie in ungemütliche Nähe des Alltäglichen und »Normalen«, die früher dem Abnormalen zugerechnet wurde (wenn Menschen etwa über »den Perversen« sprechen). Dabei ging es nicht darum, im Erwachsenenleben ein Verhalten nach dem Motto »erlaubt ist, was gefällt« gutzuheißen oder anzunehmen, dass unser aller Phantasien identisch sind, sondern anzuerkennen, dass wir von unseren archaischsten Gedanken, Ängsten und Wünschen beeinflusst bleiben und sogar gequält werden und diese manchmal auf andere projizieren. Es kann gut sein, dass wir es vorziehen, zum Beispiel unsere chaotischen oder empörenden Gefühle ausschließlich einer besonderen Klasse der Devianz zuzuschreiben.

Manche Menschen, argumentierte Freud, werden fixiert – bleiben in einer bestimmten Entwicklungsphase stecken. Seine Darstellung implizierte eine gewisse Entfaltungsabfolge ebenso wie die Möglichkeit, steckenzubleiben oder zu regredieren. Und ebenso wie Kleinkinder triumphierend die neuentdeckte Herrschaft über die Schließmuskel ihres Körpers erleben, können Erwachsene danach streben, eine Welt zu erschaffen, in der vermeintlich alles unter Kontrolle ist. Die Spannung steigt: Freud fügte dem eine weitere Idee hinzu, die »Reaktionsbildungen«. Eine übertriebene »Ordnungsliebe« könnte Spuren der schmutzigen analen Beschäftigungen tragen, die sie auszuschließen sucht. Eine Sache kann sich verstörend als Symbol für eine andere erweisen. Zudem kämpfen Erwachsene oft weiter mit Ängsten und Phantasien, die sie eigentlich in der Kindheit zurückgelassen haben sollten. In Kapitel 3 beschäftigen wir uns mit einem solchen Fall.

KAPITEL 3

Ein Fall von obsessiver Neurose

Im Spätsommer 1907 machte Herr R., ein jüngerer, akademisch gebildeter Mann, bei Freud in der Berggasse 19 in Wien einen Termin aus. Die Berggasse war während des Großteils von Freuds Arbeitsleben gleichzeitig seine Wohnung und seine Praxis, das Zentrum, um das sich die Analyse entwickelte. R. plagten Sorgen bezüglich der Konsequenzen seiner Gedanken und Wünsche, die er nur schwer von Taten unterscheiden konnte. Er glaubte, sein Geist sei manchmal völlig durchsichtig; das war ihm in seiner Jugend völlig klar, als er dachte, seine Eltern könnten direkt in ihn hineinsehen. R. erzählte Freud von den endlosen selbstquälerischen Zweifeln, mit denen er konfrontiert war, und von seiner Verzweiflung. Einer seiner bedenklicheren Zwangsimpulse bestand darin, sich mit dem Rasiermesser den Hals abschneiden zu wollen. R. hatte bereits andere Kuren versucht, erfolglos, denn die Krankheit beraubte ihn aller Lebenskraft.

Angeregt davon, was er über Freud gelesen und gehört hatte, begann R. eine Analyse. Freud schrieb über ihn in einer seiner *Fallgeschichten*, den ausführlichen Beispielen von Behandlungen. Dieser spezielle Patient (der einfach und vielleicht unglücklich als »Rattenmann« bekannt ist) wird in *Bemerkungen über einen Fall von Zwangsneurose* (1909) beschrieben. Der Text ist besonders umfangreich, beinahe so, als hätten sich die Obsessionen seines Patienten auf Freud übertragen.

Kaum betrat R. den Raum, begann er, Vermutungen über den Analytiker anzustellen und die Sitzungen auf komplexe und widersprüchliche Art und Weise zu benutzen, die potenziell analysiert werden konnten. Freud notierte zum Beispiel, wie R. implizit abwog, woran dieser neueste Arzt am meisten interessiert sein könnte, und wie er sich damit quälte, was er sagen konnte und was nicht. Auch das Gespenst der Bestrafung überschattete die Sitzungen bald. Es gab Details, von denen R. annahm, dass Freud sie erfahren sollte; andere hielt er lieber geheim oder schob ihre Mitteilung auf. R. wusste bereits von den sexuellen Theorien, die die Analyse vertrat. Zuvorkommend lieferte er einige Informationen zu seiner sexuellen Vorgeschichte, etwa die Beobachtung, seine Potenz sei »normal« und eine Enthüllung über den Zeitpunkt, wann er zum ersten Mal Geschlechtsverkehr gehabt hatte (andere Dinge blieben ihm allerdings im Halse stecken). R. erzählte Freud auch bald von einem einstigen Studenten und Freund, der ihm angeboten hatte, ihm Privatunterricht zu geben; er erklärte ihm, dass dieser Mann Hintergedanken gehabt und den Kontakt zu R. dazu benutzt habe, seine Schwester kennenzulernen, und vermittelte seine Enttäuschung anlässlich dieser Entdeckung.

Dieses Beispiel kann auch sinnvoll dazu benutzt werden, sich näher anzusehen, wie sich die analytische Praxis seither verändert hat. Freud oder jeder folgende Analytiker wäre näher auf Bedeutungen wie den sehr speziellen Stellenwert von Schwester und Privatlehrer eingegangen. Ein heutiger Praktiker würde allerdings wohl den möglichen unbewussten Implikationen derartiger Aussagen *innerhalb der Analyse* mehr Aufmerksamkeit schenken. Die Meinungen gehen heute bezüglich der Frage auseinander, wie am besten über die Vergangenheit von Patienten zu sprechen und wie sie zu deuten ist – wie hilfreich und notwendig es ist, zu versuchen, wie Freud es tat, die exakte Kombination von Geschichte und Phantasien zu entlarven, mit der Patienten vor der Behandlung jahrelang leben können, und inwiefern es nützlich ist, wenn der Analytiker ausspricht, was der Patient im Augenblick der Analyse möglicherweise fühlt, denkt oder tut. Die meisten würden aber zustimmen, dass diese Dimension des »Hier und Jetzt« zumindest nicht vergessen werden sollte, selbst wenn Analytiker und Patient traumatische Ereignisse erkunden, die außerhalb des Raums oder vor langer Zeit stattgefunden haben.

Wie bereits erwähnt, hatte R. von einer schwierigen und unerwarteten Dreieckssituation erzählt, in der er verraten worden war: Patient, »Freund« und eine dritte Person. Könnten wir in seiner »Übertragung« auf Freud also eine Analogie mit dieser Geschichte sehen? Fürchtete er vielleicht, dass Freud, wie der falsche Freund und Privatlehrer, ihn auch für einen anderen Zweck als den offenkundigen missbrauchen und ihn für jemand anderen oder etwas anderes verraten würde?

Ein Schlüsselereignis, das in der Analyse später auftauchte, waren schwere Prügel, die R. als Kind von seinem Vater erlitten hatte. Das geschah, als er »schlimm« gewesen, oder, wie Freud vermutete, beim Onanieren ertappt worden war. Der kleine Bub war bei seiner Bestrafung so wütend geworden, dass sein Vater von ihm abließ und die Prügel nie wiederholte. Das Gefühl eines geschlagenen Kindes und die Drohung eines gewalttätigen Angriffs auf den strafenden Vater verließen ihn allerdings nie ganz. Freud fand die »unbewusste Ergänzung« zu diesem prägenden Augenblick im Leben von R., als der Patient, der sonst sehr respektvoll war, begann, »mich und die Meinigen [...] aufs Gröblichste und Unflätigste [zu beschimpfen]«, um danach regelmäßig den Analytiker sozusagen aufzufordern, zurückzuschlagen, und zu fragen: »Wie kommen Herr Professor dazu, sich von einem schmierigen, hergelaufenen Kerl wie ich so beschimpfen zu lassen? Sie müssen mich hinauswerfen; ich verdiene es nicht besser.«

NEUGIERDE UND BESTRAFUNG

R. befürchtete, dass ein Gedanke, etwa die Vorwegnahme des Todes seines Vaters, zu dessen Verwirklichung führen könnte. Er litt unter harschen inneren Anschuldigungen wegen seiner eigenen Gehässigkeit, besonders, wenn er einen gewissen Wunsch nach diesem Tod erkannte. Er konnte seine eigene Ambivalenz nicht ertragen. Freud deutete dem Leser gegenüber an, wie auch R.s begehrliche Wünsche gegenüber Frauen und die Angst vor seiner eigenen Zerstörungswut eng miteinander zusammenhingen, und dass daher jede Untersuchung – und die Analyse selbst – Gefahren mit sich brachte: Hinsehen und Zerstören hingen zusammen. R.s sexuelle Neugierde, stellte Freud fest, war mit seinen mörderischen Gedanken seinem Vater gegenüber verwoben. Eine weitere Geschichte, die R. enthüllte, betraf eine Gouvernante. In seiner Kindheit hatte sie ihm unter der Bedingung, dass er davon nichts sagte, erlaubt, unter ihre Röcke zu sehen. Ihn stellten solche flüchtigen Blicke nicht zufrieden; sein Begehren danach zu schauen blieb unvermindert, er scheute jedoch die Konsequenzen. Tatsächlich quälte R. der folgende Gedanke: »Wenn ich den Wunsch habe, eine Frau nackt zu sehen, muß mein Vater sterben.«

Freud war überrascht zu erfahren, dass der fragliche Vater bereits verstorben war. Das war vermutlich nicht zuletzt deshalb überraschend, weil R. senior im Kopf seines Patienten so völlig lebendig zu sein schien. R. fürchtete, ihn wieder und wieder zu töten. Hier mag man an *Hamlet* denken, ein Theaterstück, das allen Analytiker lieb ist, in dem das Phantom des toten (oder ermordeten) Vaters den Sohn heimsucht, seine Gedanken beschäftigt, Taten verlangt und Schuldgefühle auslöst: »Ich bin deines Vaters Geist | Verdammt auf eine Zeitlang, nachts zu wandern«, sagt das Gespenst zu Hamlet.

R. fühlte sich schuldig und zutiefst – wenn auch vorwiegend unbewusst – von seiner eigenen Verantwortung für Ereignisse verzehrt, die er nicht wirklich verursacht hatte. Einige Monate vor dem Tod seines Vaters, enthüllte R., war ihm in den Sinn gekommen, dass er, wenn er seinen Alten loswerden könnte, reich genug wäre zu heiraten; wir erfahren, wie verliebt er war und wie sehr ihn die widersprüchlichen Gedanken an eine Frau, die er als »seine Dame« bezeichnete, und daran, vom Tod seines Vaters zu profitieren, verwirrten. Gleichzeitig fühlte er sich auch wehrlos und war überzeugt, dass andere ihn durchschauten und im Gegenzug angriffen.

DER GRAUSAME HAUPTMANN

R. erzählte Freud von seinen Erlebnissen in der Armee, besonders von Gesprächen mit einem grausamen Hauptmann, der ihm von einer entsetzlichen orientalischen Strafe erzählte. Freud mutmaßte, dass R. von einem bestimmten sadistischen Szenario sowohl entsetzt *als auch* erregt war: »ein Grausen vor seiner ihm selbst unbekannten Lust«. Bei dieser Strafe wurde ein mit Ratten gefülltes Gefäß auf das Gesäß eines gefesselten Gefangenen gestülpt; sobald sie freigelassen wurden, bohrten diese Kreaturen sich durch ... »den After« in den Körper des Opfers. Freud musste die letzten Worte ergänzen, da R. in dem Augenblick, als er nach ihnen suchte, verstummt war.

R. konnte sich diese Gedanken nicht aus dem Kopf schlagen oder ohne Hilfestellung die Wörter aussprechen. Auf Nachfrage löste das Wort »Ratte« eine Masse von Assoziationen aus; ein bemerkenswerter Bedeutungsträger, nicht nur ein Zeichen, das auf ein Nagetier verweist. Bevor er diese schreckliche Szene der Ratte, die in den After eindringt, beschrieb, hatte R. Freud angefleht, ihn von der Verpflichtung zu befreien, diesbezüglich auszusprechen, was ihm durch den Kopf ging. Freud antwortete – streng –, dass er ihm ebensogut zwei Kometen versprechen könne, da die Voraussetzung sei, dass der Patient versucht, seine Gedanken offen auszusprechen, wie unangenehm sie auch sein mögen.

Erneut wird sichtbar, wie in der Geschichte, die ein Patient *in einer Analyse* erzählt, mögliche unbewusste Bedeutungen mitschwingen können, die *der Analyse* zugeschrieben werden. R.s Erwartungen an Beziehungen waren häufig mit Szenarien verbunden, die mit Grausamkeit und Bestrafung ebenso wie mit Erregung, Angst und Gewissensbissen zu tun hatten. Ein Teil von R.s Psyche schien dieses Bild der Grausamkeit zu genießen, während ein anderer skeptisch zusah. Man beachte, wie dieser zögerliche, sprachlose Patient um Nachsicht bat und der Analytiker daraufhin drängte oder gar befahl – und dazu vielleicht von R. selbst angestoßen worden war.

Freud war auch sehr darum bemüht, dem Patienten mitzuteilen, dass seine eigenen Intentionen (d.h. die des Analytikers) keineswegs jenen des Hauptmanns entsprachen – er analysiere, er quäle nicht –, und machte deutlich, dass er an der Beteiligung an grausamen Geschichten keinerlei Vergnügen fand. Die Quintessenz war, dass Freud als Wissenschaftler und Therapeut leidenschaftslos sei. Dennoch könnte der Analytiker begonnen haben, eine Rolle in eben dem Szenario zu spielen, von dem R. sprach – ein neuer grausamer »Offizier«, der strafen und belohnen konnte, während er wie ein Gefangener auf der Couch lag? Hatte R. in seinem Analytiker vielleicht etwas unbewusst Begehrliches oder sogar ein wenig Grausames aufgespürt?

Freud beschrieb, wie diese beinahe unaussprechlichen Gedanken im Kopf des Patienten herumspukten, während er eine grausame Vergeltung imaginierte, die an einem männlichen Gefangenen wie seinem Vater oder sogar an der bezaubernden Dame vollzogen wurde. Die Strafe werde, so betonte R. defensiv, »unpersönlich« vollzogen; derartige Dinge seien ihm »fremd und feindselig«. Freud und R. leugneten beide jede Absicht der Grausamkeit und jede persönliche Verbindung zum Strafszenario. R. war oft entsetzt darüber, was in seiner Analyse auftauchte: »wie dieser Wunsch bei ihm möglich gewesen sein solle, wenn ihm der Vater doch der liebste aller Menschen war«.

Die Analyse, so merkte Freud in einer Fußnote zu diesem Fall an, *soll* Menschen nicht überzeugen oder dazu überreden, die Wahrheit bloßzulegen; es ist besser, sie die Dinge selbst in ihrem eigenen Tempo, wenn auch mit Hilfe des Analytikers, verstehen zu lassen. Er entwickelte später einen Begriff – das Durcharbeiten –, der diesen Prozess der therapeutischen Zusammenarbeit wiedergibt, an dem sowohl Patient als auch Analytiker beteiligt sind. So kann eine neue und schwierige Vorstellung assimiliert, wirklich im Geist des Patienten eingebettet werden, wodurch die Abwehr überwunden wird.

Dieses Argument bezüglich des Bedürfnisses des Patienten, Dinge auszuarbeiten, zu überarbeiten oder durchzuarbeiten, ist wichtig. Denn Freud drängte seine Patienten gelegentlich sehr und demonstrierte so, wie sehr er der Wissende, der Wahrheitssuchende war. Doch »die Überzeugung stellt sich erst nach der Bearbeitung des wiedergewonnenen Materials durch den Kranken her, und solange sie schwankend ist, darf man das Material als nicht erschöpft beurteilen«. In einer weiteren Fußnote, die er erst lange nach der Erstveröffentlichung der *Traumdeutung* hinzufügte, erklärte Freud, dass die psychoanalytische Technik »dem Träumer selbst die Deutungsarbeit auferlegt«.

Unabhängig von offiziellen Meinungen (oder deren Fehlen) konstruieren wir unsere eigenen Götter und Dämonen oder »grausamen Hauptmänner«, wir leben unter unseren eigenen drohenden Wolken und sind zwischen widersprüchlichen Stimmen und Entscheidungen gefangen. Tatsächlich ist nach Freuds Verständnis niemand von uns so konsistent wie wir es gerne glauben. Auch Menschen mit säkularen Überzeugungen oder sogar bekennende Atheisten können trotzdem an Vergeltung glauben, selbst für einen flüchtigen Wunsch. Widersprüchliche Impulse, so Freud, könnten ihre Wurzeln in *unbewussten* Einstellungen haben, die sich von den wissentlich vertretenen stark unterscheiden.

1923 präsentierte Freud ein Modell, das seinem Bild von der Psyche eine neue, manche würden argumentieren, eine schärfer umrissene Gestalt verlieh, die auf eine innere Instanz verwies, die beobachtet und urteilt. Wie so häufig, inspirierten sich seine neuen Begriffe aus klinischen Phänomenen. Sie waren Versuche, die komplexe Vielschichtigkeit zu erfassen, der er im Sprechzimmer gegenüberstand. Er hatte bereits früher derartige unbewusste Vorwürfe vielfach angedeutet, die im Inneren von Menschen ablaufen; nun formalisierte er diesen Aspekt und nannte ihn das »Über-Ich«, in der englischen Standardübersetzung das *Superego*. Seine Kraft und Härte ist der Psychoanalyse zufolge ein entscheidender Faktor für Wohlbefinden oder psychische Erkrankung.

Freud postulierte hier zwei weitere Instanzen: Ich und Es. Das Ich ist in gewissem Sinne der Teil der Psyche, der innere und äußere Realität wahrnimmt und »vermittelt«. Freud sprach davon allerdings als »armes Ding, welches unter dreierlei Dienstbarkeiten steht und demzufolge unter den Drohungen von dreierlei Gefahren leidet«: der Außenwelt, dem Über-Ich und dem, was er *das Es* nannte, ein Begriff, der im Englischen (über den Rückgriff auf das Lateinische, was ihm einen formaleren Klang gab) als *the id* wiedergegeben wird. Es ist ein völlig unbewusster Teil der Psyche, der instinktgesteuerte Bedürfnisse und Leidenschaften umfasst. Freud setzte das Es an den unteren Rand eines Diagramms der Psyche, das er entwarf, unterhalb des Ich. Doch es bleibt nicht unter der Oberfläche – es kann ausbrechen und uns überfallen wie eine fremdartige Macht in uns.

Freud betonte die Anwesenheit von grundlegenden sexuellen und aggressiven Trieben im Es und bemerkte eine gewisse Wahrnehmungsfähigkeit des Ich. Er schrieb: »Das Ich repräsentiert, was man Vernunft und Besonnenheit nennen kann, im Gegensatz zum Es, welches die Leidenschaften enthält [...] Es gleicht so im Verhältnis zum Es dem Reiter, der die überlegene Kraft des Pferdes zügeln soll.« Später versuchte Freud weiter, Ich und Es unterschiedlich zu definieren, doch immer mit einem Gefühl für die Spaltungen in uns selbst. Freud erklärte einmal, dass die Intention der

Analyse darin bestehe, »das Ich zu stärken, es vom Über-Ich unabhängiger zu machen, sein Wahrnehmungsfeld zu erweitern und seine Organisation auszubauen, so daß es sich neue Stücke des Es aneignen kann.«

Weder Es noch Über-Ich können aufgelöst werden, aber es ist möglich, sie einzuspannen und auf weniger destruktive Art und Weise zu tolerieren. Das Über-Ich kann heftig fordernd und kritisch sein und die erhabensten Ideale aufstellen, denen man gerecht werden soll. Freud bezog sich auf das »Ichideal« und meinte damit die imaginierte Gestalt, die wir gerne sein würden, wenn wir nur könnten. Bei manchen Menschen ist das Über-Ich meist milde und erlaubt ihnen einigen Spielraum, zu leben und leben zu lassen; bei anderen ist es eine unaufhörliche, sogar sadistische Geißel, die das Gefühl der Wertlosigkeit und Erbärmlichkeit auslöst. Verschiedene spätere Analytiker wie etwa Bion versuchten zu zeigen, wie es in manchen Zuständen der geistigen Verwirrung sogar dazu dienen kann, das Ich zu vernichten.

Die Analyse ist ein Ort, um unter anderem den besonderen Tonfall und Charakter des Über-Ich zu erkunden und zu entdecken. Es kann sein, dass der Patient höchst kritisch spricht oder das Über-Ich in jemand anders projiziert wird. Dadurch kann es vorkommen, dass der Analytiker als zusätzliche vorwurfsvolle Stimme angesehen wird, während der Patient um Gnade zu flehen oder sich schuldbewusst zu verhalten scheint. Viele Selbst- und Fremdbilder können gleichzeitig bestehen: Man kann sich in der Phantasie als feige, klein, voller Angst, etwas falsch zu machen, imaginieren, und gleichzeitig mit einem allmächtigen Gericht gleichgesetzt werden, das Strafen austeilt. In psychotischer Form wäre das etwa der Zustand eines Menschen, der überzeugt ist, Napoleon zu sein, und kurz danach völlig verängstigt in der Ecke kauert.

Unterschiedliche Impulse und Abwehrmechanismen sind zu jeder Zeit gleichzeitig anwesend. Herbert Rosenfeld, oder in jüngerer Zeit John Steiner, haben sogar gezeigt, wie Abwehrmechanismen oft in komplexen Gruppen angeordnet werden, anstatt einer nach dem anderen zu wirken. Patienten können gleichzeitig unterschiedlichste *Formen* der Abwehr einsetzen und sogar »psychische Rückzugsräume« entwickeln, in die sie sich zurückziehen, oder durch ausgetüftelte »pathologische Organisationen« der Psyche gelähmt werden. Sie können das stumme und tödliche Einverständnis eines Menschen erfordern. In einem berühmten Bild verglich Rosenfeld solche psychischen Zustände mit einem mafiaähnlichen Vorgang im Inneren.

R. stand einer verzweifelten inneren Situation gegenüber und konnte im Verlauf seiner Analyse zudem nicht glauben, dass ihn Gedanken belasteten und zu Handlungen trieben, die der Vernunft zuwiderliefen. Freud ermutigte ihn, sich seinen eigenen unbewussten Wünschen offen zu stellen, geliebte Menschen gleichzeitig zu verletzen, zu ermorden, und wie durch Zauber wieder zurückzubringen. Freud erwähnte in seiner

Erzählung R.s Familie und andere Beteiligte, doch sein Vater war eindeutig die dominante Gestalt. Inwiefern das die Eigendarstellung des Patienten treu widerspiegelte, kann diskutiert werden. Wir erfahren wenig über R.s Mutter. Auf jeden Fall liegt Freuds Schwerpunkt auf der psychischen Welt des Patienten und nicht auf irgendeinem Detail der Geschichte oder der wirklichen Eigenschaften seiner Familie oder der schwer fassbaren »Dame«.

Am Tag der Abfahrt seiner Freundin stieß sich R. den Fuß an einem Stein auf der Straße, und fühlte sich daraufhin verpflichtet, ihn aus dem Weg zu räumen, als ihm die Idee kam, dass ihre Kutsche in einigen Stunden hier entlangkommen würde. Sie könnte zu Schaden kommen, wenn ihr Gefährt über diesen Stein fahren würde – etwas, was er sowohl wollte, um sie dafür zu bestrafen, dass sie wegfuhr, und fürchtete (da er ihr gegenüber noch immer Liebesgefühle hegte). Also entschied er sich um und war gezwungen, das Gegenteil zu tun – ein Pendeln zwischen Liebe und Hass, das in obsessiven Zuständen häufig ist.

Freud ging außerordentlich weit, um die Vorstellungen hinter R.s scheinbar unsinnigen Aktivitäten zu begreifen, um seine psychische Geschichte zurückzuverfolgen und zu verstehen, wie obsessive Zweifel sein Leben beherrschten. Wie sehr der Patient von der Behandlung profitierte, können wir nicht sicher sagen, obwohl Freud behauptete, dass sie ihm sehr geholfen habe. Eine kurze Fußnote aus dem Jahr 1923 teilt mit, dass der junge Mann wie so viele aus seiner Generation im Ersten Weltkrieg gefallen war.

KAPITEL 4
Ödipus

Seit Freud den Ödipuskomplex formuliert hat, schrieb die Analytikerin Hanna Segal, »ist er anerkanntermaßen der zentrale Konflikt in der menschlichen Psyche – die zentrale Gruppe von widersprüchlichen Impulsen, Phantasien, Ängsten und Abwehrmechanismen. Deshalb ist er ins Zentrum der psychoanalytischen Arbeit gerückt.« Er ist tatsächlich eine Schlüsselidee der Psychoanalyse, hat aber auch hämische Kritik auf sich gezogen.

Freuds Vorstellungen in Bezug auf Ödipus weckten enormes kulturelles Interesse und auch Bewunderung. Für viele wurden sie zum Ordnungsmuster und Schlüssel zur Selbstoffenbarung. Als Woody Allen für den Film *New York Stories* die Episode »Oedipus wrecks« schrieb, konnte man den Freud'schen Verweis auf den unglücklichen König (Rex) und den Komplex, dem er seinen Namen geliehen hat, selbstverständlich voraussetzen: Woody Allen geht davon aus, dass das Publikum ihn versteht. Zweifellos würde dieser Witz in einigen Teilen der Welt Verwirrung stiften, trotzdem muss der Ödipuskomplex eine der berühmtesten psychologischen Ideen des 20. Jahrhunderts sein. Die Zeitschrift *New Statesman* mag Freud übermäßig gepriesen haben, als sie in den 1920ern meinte, »heute sind wir alle Psychoanalytiker«, trotzdem macht das die Begeisterung deutlich, die so zentrale Ideen aus der Sprechkur weckten.

Diese Geschichte beginnt in den 1890er Jahren, der Zeit, als Freud die Hysterie neu überdachte. Tatsächlich, so schloss Freud, besteht zwischen den beiden Problemen – Hysterie und ödipalen Wünschen – ein Zusammenhang. Im Jahr 1926 beschrieb er, dass obsessive Zwänge und hysterische Symptome »Reaktionen gegen die Triebansprüche des Ödipuskomplexes« sind. Es seien weniger die Wünsche als der verzweifelte Versuch sie loszuwerden, die uns die meisten Umstände machen.

Kleine Kinder sagen manchmal laut und deutlich, dass sie eines Tages ihre Mama oder ihren Papa heiraten werden, bevor sie verstehen, dass das nicht geht. Sogar das Aussprechen dieses Wunsches wird in manchen Familien als inakzeptabel betrachtet. Doch unabhängig davon, ob der Wunsch offen artikuliert werden kann oder nicht, müssen wir alle im Kleinkindalter mit der Erkenntnis zurechtkommen, dass sein Ausagieren unmöglich und zutiefst tabu wäre. Freud inspirierte sich an griechischen Mythen: Dort war zu sehen, was geschieht, wenn die Götter es zulassen, dass Vatermord und Inzest zwischen Sohn und Mutter ihren Lauf nehmen – das Resultat war die Tragödie.

Das Schicksal von Ödipus, wie es in Sophokles' Dramen abgesteckt wird, war Teil eines größeren Gefüges von Mythen. Freud erforschte die Handlung und griff sie als nützlichen Leitfaden zum Verständnis des

Innenlebens auf: Ein ausgesetzter Säugling, der hier tatsächlich von seinen Eltern dem Tod überlassen wird (die davon überzeugt waren, das sie damit eine vorausgesagte Katastrophe verhindern würden), überlebt, wird von anderen aufgezogen und geht irgendwann, ohne es zu wissen, genau in Richtung des Ortes zurück, von dem er ausgestoßen wurde. Das Schicksal will, dass Ödipus seinen Vater treffen und ihn töten wird, ohne zu wissen, mit wem er kämpft. Er ist auch dazu bestimmt, seine Mutter zu heiraten und mit ihr zu schlafen, ohne sich bewusst zu sein (oder zumindest die Augen davor verschließend), mit wem er sich paart, und dabei Kinder zu zeugen, die sowohl Geschwister als auch Nachkommen sind. Die notwendigen Unterschiede zwischen Generationen derart zu verleugnen, führt zur Katastrophe, in welcher Richtung die Verleugnung auch auftritt. Eltern und Kinder müssen einander irgendwann loslassen.

Die uralte Geschichte des Vatermords und der Vereinigung mit der Mutter – oder alternativ des Muttermords und der Vereinigung mit dem Vater – ist so eindrucksvoll, so Freud, weil sie in uns allen eine psychische Wahrheit über archaische Geisteszustände anklingen lässt. Sie entsetzt uns, dachte er, weil sie der Wahrheit so nahe kommt. Variationen der Geschichte von inzestuösem Verhängnis tauchen immer wieder auf, um uns heimzusuchen, selbst wenn Freuds Name dabei nicht genannt wird. In jüngster Zeit erhielten einige groteske Verbrechen großes Medienecho und lösten neuerlich Diskussionen über den Schaden aus, der Menschen zugefügt wird, wenn ödipales Begehren oder sein Gegenstück (der Elternteil, der das Kind vollkommen und brutal als Besitzobjekt beansprucht) in psychotischer Form ausagiert wird. Ein Extrem war der monströse Fall, der im Jahr 2008 in Österreich ans Licht kam: Elisabeth Fritzl, die von ihrem Vater Josef mehr als zwanzig Jahre lang in einem geheimen Verlies gefangengehalten und wiederholt vergewaltigt worden war. Die Kinder der Tochter, die in dieser alptraumhaften Gefangenschaft geboren wurden, waren ihre Geschwister.

Als Ödipus' Frau und Mutter erfuhr, was geschehen war, beging sie Selbstmord. Er stach sich mit ihrer Brosche die Augen aus. Selbst damit war die Tragödie nicht zu Ende: Sie hatte einen Nachhall über Generationen. Freud schrieb im Jahr 1897 an seinen Freund Wilhelm Fließ:

> Die griechische Sage greift einen Zwang auf, den jeder anerkennt, weil er dessen Existenz in sich verspürt hat. Jeder Hörer war einmal im Keim und in der Phantasie ein solcher Ödipus, und vor der hier in die Realität gezogenen Traumerfüllung schaudert jeder zurück mit dem ganzen Betrag der Verdrängung, der seinen infantilen Zustand von dem heutigen trennt.

Freud versuchte, eine grobe Periodisierung anzugeben, und nahm dabei an, dass diese Wünsche ihre intensivste Phase bei Kindern zwischen drei und fünf Jahren erreichen. Diese Zeit betrachtete er als eine Zeit der Krise und des Übergangs, in der Verlust, Angst und Schuldgefühle eine Rolle spielen. Freud zufolge ist es für viele Aspekte der psychischen Funktionsfähigkeit relevant, wie wir uns mit der Aufgabe »weiterzumachen« konfrontieren oder ihr ausweichen. Es wurde davon ausgegangen, dass die Aushandlung des Ödipuskomplexes bestimmt, wie wir uns auf andere beziehen und annehmen, dass andere sich auf uns beziehen.

Analytiker wenden Freuds ödipales Schema weiterhin an. Das Modell bietet einen Blickwinkel, von dem aus zum Beispiel untersucht werden kann, wie gewisse Eifersuchtsgefühle, Wünsche und Gegenwünsche bezüglich des Besitzens von Eltern oder das Gefühl, durch sie entrechtet zu sein, später im Leben aufgerührt werden können, auch in der Analyse. Ödipus bietet uns auch einen Weg, die frühkindliche psychische Entwicklung zu konzeptualisieren. Spätere Arbeiten mit Kindern lieferten Beweise, die Freuds Annahmen stützten und komplizierten. Melanie Klein zum Beispiel war der Meinung, dass diese Konflikte und Wünsche viel früher auftauchten, als Freud angenommen hatte.

KRITIK

Der Eindruck, dass in der ursprünglichen Darstellung etwas fehlte oder falsch verstanden worden war, zog Kampfansagen ebenso wie spätere Erweiterungen nach sich. Der Ödipuskomplex bietet ein Modell, um einen Aspekt des psychischen Lebens zu betrachten, doch wenn Analytiker ihn privilegieren, kann das durchaus dazu führen, dass sie riskieren, andere Gesichtspunkte zu übersehen oder zu unterschätzen.

Möglicherweise, so die Analytikerin Juliet Mitchell vor Kurzem, hat dieser Fokus dazu geführt, dass der psychischen Bedeutung von Geschwistern, gleich ob real oder imaginiert, zu wenig Beachtung geschenkt wurde; die Traumata von Verdrängung und Verlust, die das ältere Kind erlebt, wenn ein neues Baby geboren wird, und auch geschwisterliches Begehren untereinander sind theoretisch vielleicht weniger gut beschrieben als die »vertikale« Beziehung zu den Eltern, obwohl zugegebenermaßen auch die »horizontale« Beziehung in vielen früheren analytischen Beiträgen auftauchte, zum Beispiel in einem einflussreichen Aufsatz von Wilfred Bion aus dem Jahr 1950 mit dem Titel »The Imaginary Twin« (Der eingebildete Zwilling).

Freuds Modell erweckte wegen seiner strengen Einfachheit Bewunderung und zog wegen seiner Beschränkungen und blinden Flecken hartnäckige Kritik auf sich. In den 1920er Jahren bestritt in einer berühmten Auseinandersetzung der Sozialanthropologe Malinowski, der Freud respektierte, ebenfalls seine verallgemeinernden Behauptungen über den Ödipuskomplex, als er Kulturen mit ganz anderen Verwandtschaftssystemen als jenen beschrieb, die die Psychoanalyse als Standard annahm. Freuds Verteidiger, etwa Ernest Jones, argumentierten, dass das zugrundeliegende Dilemma nicht wirklich anders sei, unabhängig davon, ob es ein Vater, ein Onkel oder eine andere Gestalt ist, die neben der Mutter die wichtigste Verankerung im Leben des Kleinkinds darstellt.

Eine der mitreißendsten Kritiken an Freuds Theorie war der *Anti-Ödipus* (1972) des französischen Philosophen Gilles Deleuze und des Analytikers Félix Guattari. Darin argumentieren sie unter anderem, dass Freud eine Art »heilige Familie« geschaffen habe, die genauso beschränkt sei wie ihre alten religiösen Versionen. Dieses Dreieck »Papa-Mama-Ich« (Freuds Bezugsachse, wie sie es ausdrückten) sei eine höchst ideologische Zumutung, die die Vielfalt der menschlichen Möglichkeiten in ein einziges, »trübsinniges« System presse. Ödipus, erklärten sie, sei psychologischer Imperialismus, wobei die Analytiker eben das inszenieren, was sie beschreiben: das gnadenlose »Gesetz des Vaters«. Deleuze und Guattari wiesen darauf hin, dass die Geschichte des Begehrens auf unzählige andere Arten geschrieben werden könnte. Kurz gesagt, sie weigerten sich, Freuds ödipale Darstellung zu akzeptieren. Einige Kritiker dieser Kritiker (darunter auch Analytiker, die dem Spott in Deleuzes und Guattaris Werk direkt ausgesetzt waren) beschuldigten sie wiederum, ebenso wie einige andere Rebellen der Studentenbewegung von 1968, die zum Sturz des Staates aufgerufen hatten, eine infantile »Rebellion gegen den Vater« zu inszenieren.

In seiner Betrachtung von infantiler Sexualität und Ödipuskomplex wies Freud nicht nur darauf hin, dass wir uns einbezogen oder übergangen fühlen können, sondern auch darauf, dass wir uns zu einem frühen Zeitpunkt im Leben bestimmte Annahmen über die Geschlechtsbeziehungen unserer Eltern aneignen. Tatsächlich, dachte Freud, wird ein Bild von ihrem Geschlechtsakt verdrängt. »Urszene« ist das Kürzel, das Analytiker benutzen, um die Grundvorstellung oder das Bild vom elterlichen Geschlechtsverkehr zu bezeichnen, die in der Psyche von Menschen existieren, unabhängig davon, ob sie die sexuelle Aktivität von Vater und Mutter direkt gesehen oder gehört haben. Wird der Geschlechtsverkehr zum Beispiel als grundsätzlich liebevoll, von beiden genossen, von einem von ihnen oder beiden gehasst oder primär aggressiv und mit sadistischer Absicht imaginiert?

In einem grundlegenden Text, *Aus der Geschichte einer infantilen Neurose,* beschrieb Freud eine solche Urszene im Kopf eines Patienten, dem er den Namen »Wolfsmann« gab. Dieser russische Aristokrat, dessen Name später bekannt wurde, war im Jahr 1910 nach Wien gekommen, um bei Freud eine Analyse zu machen, da sein Leben stark von Depressionen und anderen psychischen Problemen überschattet war. In seiner Erforschung des beängstigenden Traums seines Patienten, in dem Wölfe vorkamen, die in einem Nussbaum sitzen, arbeitete Freud aus, was er mit der »Urszene« meinte (siehe Kasten).

DER TRAUM DES WOLFSMANNS

Ich habe geträumt, daß es Nacht ist und ich in meinem Bett liege, (mein Bett stand mit dem Fußende gegen das Fenster, vor dem Fenster befand sich eine Reihe alter Nußbäume. Ich weiß, es war Winter, als ich träumte, und Nachtzeit). Plötzlich geht das Fenster von selbst auf, und ich sehe mit großem Schrecken, daß auf dem großen Nußbaum vor dem Fenster ein paar weiße Wölfe sitzen. Es waren sechs oder sieben Stück. Die Wölfe waren ganz weiß und sahen eher aus wie Füchse oder Schäferhunde, denn sie hatten große Schwänze wie Füchse und ihre Ohren waren aufgestellt wie bei den Hunden, wenn sie auf etwas passen. Unter großer Angst, offenbar, von den Wölfen aufgefressen zu werden, schrie ich auf und erwachte. Meine Kinderfrau eilte zu meinem Bett, um nachzusehen, was mit mir geschehen war. Es dauerte eine ganze Weile, bis ich überzeugt war, es sei nur ein Traum gewesen, so natürlich und deutlich war mir das Bild vorgekommen, wie das Fenster aufgeht und die Wölfe auf dem Baum sitzen. Endlich beruhigte ich mich und schlief wieder ein.

Die Assoziationen des Patienten, führte Freud knapp aus, kulminierten in einem bestimmten Moment: »Eine wirkliche Begebenheit – aus sehr früher Zeit – Schauen – Unbewegtheit – Sexualprobleme – Kastration – der Vater – etwas Schreckliches.« Bei der Bearbeitung von W.s Assoziationen stießen sie auf ein rudimentäres Bild des Geschlechtsverkehrs der Eltern. In diesem besonderen Fall ereignete sich der Geschlechtsverkehr offenbar, während das winzige Kind im Zimmer war. Sein Vater stand hinter seiner Mutter, eine Position, die ihrem Verkehr, zumindest für seinen Patienten, ein tierähnlicheres Aussehen verlieh. Freud spekulierte, dass W. die Genitalien seiner Eltern gesehen hatte, während sie Sex hatten, und dass dies beängstigend war, als wäre der Körper der Mutter verstümmelt worden, als sei ihr physischer Kontakt brutal gewesen. Das stützte die »Überzeugung [...], daß die Kastration mehr sein könne als eine leere Drohung«. Kastration bedeutet im analytischen Zusammenhang nicht nur buchstäblich die Angst vor der Verstümmelung oder Entfernung der Hoden, sondern die Angst vor einem strafenden Angriff auf die Genitalien, oder auf symbolischerer Ebene eine traumatische Herabsetzung oder sogar völlige Entmündigung und Vernichtung.

Diese Fallstudie lieferte ein komplexes System, um die Bedeutungsschichten zu erklären, die im Laufe der Zeit mit dieser Urszene assoziiert wurden: Nur im Licht späteren Wissens und Verstehens konnte W. dem Sinn verleihen, was er das erste Mal im Alter von achtzehn Monaten gesehen hatte. Das Bild kam häufig hoch und wurde im Nachhinein mit neuem Sinn und Bedeutung aufgeladen. Freud nannte diesen Effekt Nachträglichkeit. Ins Englische wurde dieser Begriff mit »*deferred action*« oder »*afterwardness*« übertragen, ins Französische mit »*après coup*«.

Freud vermutete, dass der beängstigende Traum, der mit tierischen Gelüsten assoziiert wurde, nicht nur Erinnerungsfragmente aus W.s früher Kindheit enthielt, sondern auch Darstellungen von kopulierenden Tieren, die er anderswo gesehen und der Szene aufgepfropft hatte. Zunehmend wurde dies mit W.s eigenen Obsessionen und Wünschen verbunden. Freud bemerkte, dass dieses Szenario W. sowohl beängstigte als auch erregte. Das analytische Interesse liegt darin, was jemand, wie hier, aus seiner eigenen Urszene macht, welche Art von Phantasien sie enthält, und was *après coup* mit ihr assoziiert wird.

W. hielt den Kontakt mit Freud nach dem Ende seiner Behandlung aufrecht. Er wurde sogar der berühmteste, wenn auch einer der dauerhaft unglücklicheren, ehemaligen Patienten von Freud, und einer, der schließlich zur psychoanalytischen Gemeinschaft zu gehören schien und von ihr versorgt wurde. Freud unterstützte ihn in schweren wirtschaftlichen Zeiten finanziell. Er hatte auch mit Freuds Schülern weitere Analysen, blieb aber von Problemen heimgesucht, unter anderem von Phasen schwerer Melancholie. Er sprach später in Interviews mit einigem Misstrauen und Bitterkeit über seine Erfahrung mit Freud. Vielleicht gab er letztlich der Psychoanalyse ebenso viel oder mehr, als er dafür bekam, nicht zuletzt, indem er Freuds Konzeptualisierung von Nachträglichkeit und Urszene inspirierte.

Freuds Beschreibung von Ödipuskomplex und Urszene ist auch in vielen unterschiedlichen Studien aufgegriffen worden, nicht nur bezüglich der Vergangenheit von Patienten oder ihrer Phantasien über ihre Analytiker während der Behandlung, sondern auch zum Beispiel in Bezug auf die öffentliche Neugier im Hinblick auf die Rendezvous von jungen oder alten sogenannten Prominenten und Powerpaaren. (Aufgrund der Literatur ist zu schließen, dass viele Menschen auch etwas über Freuds eigenes Sexualleben oder sein Fehlen lesen wollten und fest entschlossen waren, herauszufinden, ob er seiner Frau treu war oder, wie das Gerücht es will, eine Affäre mit seiner Schwägerin hatte.)

Kinder sind natürlich oft besessen davon, woher sie kommen und wie sie gemacht wurden, und können durchaus gleichzeitig bezüglich des Wesens des Liebenslebens ihrer Eltern sehr zimperlich sein. Es kann schwierig sein, einen Mittelweg zu finden. In manchen Familien kann die einfache Erwähnung von Sex tabuisiert sein. Gibt es, egal wie liberal der Haushalt sein mag, für Teenager ein peinlicheres Schicksal, als in Begleitung ihrer Mütter und Väter im Kino erotische Sexszenen zu sehen? Was sie als peinlich empfinden, ist wahrscheinlich die Nähe der Eltern und nicht nur oder überhaupt der Film. Auch Eltern winden sich natürlich vielleicht innerlich, wenn sie Derartiges in solcher Gesellschaft sehen.

AUSBRECHEN

Freud stellt die Geschichte des männlichen Kindes ins Zentrum, obwohl der Urverlust der umhüllenden Mutter, in deren Körper jedes neue Leben beginnt, von beiden Geschlechtern geteilt wird. Freud nahm zunächst die Situation eines (männlichen) Kleinkindes an, das sich vorstellt, es sei das ausschließliche Objekt seiner Mutter, und sie seines. Die Illusion muss gebrochen und das Kind gezwungen werden, seinen imaginierten Platz aufzugeben und zu erkennen, dass dieser von Anfang an nie wirklich ganz der seine war. Es ist mit der Tatsache konfrontiert, dass es Teil eines Dreiecks ist und nicht einfach verschmolzen oder auch nur in einer Dyade. Es kann argumentiert werden, dass die voll entfaltete Version des Komplexes nur der Endpunkt vieler früherer Schocks ist, unter anderem die Verstörung, die ein Baby empfinden kann, wenn die Mutter nur ein bisschen von ihm abrückt. Einer von Freuds Anhängern, Otto Rank, beschäftigte sich intensiv mit dem Geburtstrauma; andere, etwa Klein und Winnicott, schenkten dem Abstillen besondere Aufmerksamkeit.

Im Kleinkindalter muss das Kind sich mit dem Kommen und Gehen der Mutter abfinden: Sie kann nicht ständig anwesend oder ihm immer zu Gefallen sein; das würde die Entwicklung sogar hemmen. Das winzige Kind muss erkennen, dass es nie mit ihr verschmelzen, nie wieder in den Mutterleib zurückkehren oder für immer ununterbrochen in ihren Armen liegen kann. (Spätere Analytiker, wie die ungarische Amerika-Emigrantin Margaret Mahler, schrieben von dem sich erweiternden Horizont des Kleinkinds, wenn es zu laufen beginnt und sich überschwänglich oder auch ängstlich vom Schoß der Mutter entfernt. Das sei nicht nur eine körperliche, sondern auch eine psychische Leistung, Teil dessen, was Mahler die »Loslösungs- oder Individuationsphase« nannte.) Kleinkinder mögen sich aus der Umarmung ihrer Mutter herauswinden und eine größere Welt entdecken *wollen*, doch Eltern können den Urwünschen nach Beibehaltung einer frühen Verschmelzung auch Beschränkungen auferlegen. Das Kleinkind erkennt, dass es Rivalen um ihre Aufmerksamkeit gibt: Es ist nicht ihr *einziges* Liebesobjekt.

Der Vater bringt nicht nur seinen machtvollen Anspruch auf die Mutter ein, sondern sagt, wie Lacan es ausdrückte, auch symbolisch Nein. Der Vater erlegt dem Kind seinen Namen (*nom*) und sein »*non*« auf. Er behauptet seinen Platz bei der Mutter und setzt damit das Tabu gegen Inzest durch, eine Regel, die, nach Freuds nicht unplausibler Annahme, in allen Kulturen existiert. Wie seither vielfach angemerkt wurde, wird das, was Freud der väterlichen Funktion zuschrieb, nicht unbedingt von einem realen Vater auferlegt. Offensichtlich haben wir alle einen biologischen Vater, wie wenig er auch in unserem Leben anwesend sein mag; aber jemand anders kann den Dritten repräsentieren, oder er kann sogar eine Gestalt sein, die im Kopf der primären Pflegeperson existiert.

In letzter Zeit gab es ausführliche Diskussionen über die psychologischen Auswirkungen von alleinerziehenden Eltern auf Kinder, die durch neue Technologien (manchmal mit Leihmüttern) gezeugt wurden, oder die kollektiv in Kommunen erzogen werden. Wenn der Vater nicht anwesend ist, könnte man argumentieren, dass ein Kleinkind trotzdem aus einem Freund, einem Verwandten oder einer Ahnenfigur eine väterliche Gestalt modellieren kann, oder auch aus der lesbischen Partnerin der Mutter. Andere hinterfragen vielleicht sogar die Idee, diese Position unbedingt »väterlich« zu nennen. Dennoch müssen wir uns eines Bezugspunkts außerhalb der Dyade Baby-Mutter bewusst werden; und letztendlich einer Welt von Beziehungen *der Mutter.* Jeder von uns muss hier erkennen, dass *sie* eine eigene Psyche voller Sehnsüchte und Verluste und Verbindungen zu anderen hat, die sich von unseren eigenen unterscheiden. Einer meiner Patienten kam einmal mit einem Traum, in dem seine Mutter aufgeregt zu ihm gelaufen kam und sagte, dass sie gerade völlig unerwartet ihren eigenen Vater gesehen hatte, der mit Kuchen und Geschenken gekommen war. Der Patient wusste, dass sein Großvater seine Tochter (die Mutter des Patienten) in Wirklichkeit verlassen hatte, als sie zwei Jahre alt war, und nie zurückkam. Ein Teil seiner Arbeit in der Analyse bestand darin, einzuordnen, was zu wem gehörte: Wo die Trauer seiner Mutter wirklich endete und seine eigene begann.

Im Hinblick auf ihre persönlichen Überzeugungen decken Analytiker den Großteil des Spektrums an konventionellen politischen – und sexualpolitischen – Einstellungen in modernen säkularen Gesellschaften ab. Auch sie sind dem Einfluss ihrer Berufsvereinigungen, von Theorien und der breiteren Kultur unterworfen. Einige Aussagen von Analytikern oder analytischen Institutionen zu den Lebenschancen von Kindern, die zum Beispiel von gleichgeschlechtlichen Paaren erzogen werden, waren vorsichtig oder geradezu reaktionär; in anderen Zusammenhängen waren Analytiker als Individuen oder als Gruppe radikaler oder auffallend libertär. Freud selbst konnte gegenüber gesellschaftlichen Annahmen in Bezug auf die Sexualität bemerkenswert entspannt und skeptisch sein; seine Antwort auf eine beunruhigte Mutter mit einem homosexuellen Sohn war bekanntlich tolerant und stellte die reflexartige Annahme in Frage, dass seine Orientierung in sich als Pathologie oder Fehler zu betrachten sei. Freuds Aussagen zu solchen Themen waren allerdings nicht immer widerspruchsfrei.

Der Hauptpunkt für Freud war, wie eine väterliche Figur in das stillende Paar einbricht. Er schrieb, dass das Über-Ich ein Erbe des Ödipuskomplexes sei:

> das Über-Ich wird den Charakter des Vaters bewahren und je stärker der Ödipuskomplex war, je beschleunigter (unter dem Einfluß von Autorität, Religionslehre, Unter-

richt, Lektüre) seine Verdrängung erfolgte, desto strenger wird später das Über-Ich als Gewissen, vielleicht als unbewußtes Schuldgefühl über das Ich herrschen.

Der Wunsch, diesen Rivalen aus dem Weg zu räumen, insbesondere den Vater, führt zu heftigen Problemen: Er lässt Kleinkind und Mutter alleine, aber auch als Hinterbliebene zurück; er bringt Angst und potenziell Reue mit sich. Freud legt nahe, dass der Wunsch nach einer völligen Einheit mit der Mutter auf die Angst vor der Vernichtung des Subjekts selbst trifft. Das Kleinkind kann all das nicht ignorieren, kann seine väterliche (oder zumindest »Drittheits-«) Funktion nicht, wie Lacan es später ausdrückte, »verwerfen« (*forclore*), wenn es in die symbolische Dimension von Sprache und Gesetz eintreten und die Psychose vermeiden soll: Wir sind gezwungen, uns anderweitig zu orientieren, sobald wir erkennen, dass weder Vater noch Mutter in diesem Sinne »uns« gehören können. (Lacan benutzt einen rechtswissenschaftlichen Terminus, »*forclusion*« (Rechtsausschluss), um auf einen Vertrag anzuspielen, der sich als von Anfang an ungültig erwiesen hat, was bedeutet, dass nie wirklich eine ödipale Verhandlung stattgefunden hat.)

Tritt das Aufgeben dieser primären Verschmelzungs- und Besitzerwartung nicht ein, ist das folgenschwer. Freud setzte einen reichen Fundus von Untersuchungen in Gang, denen auch andere Analytiker nachgingen und sich dabei mit den Auswirkungen auseinandersetzten, wenn es zur Verweigerung, oder noch schlimmer der Verwerfung der ödipalen Situation kommt. Freud interessierte sich besonders für die narzisstische Kränkung, die all das mit sich bringt, wenn jeder von uns sich von einer Position als »Seine Majestät das Baby« wegbewegt, ein Wesen, für das praktisch alles getan wird und das vielleicht ohne Weiteres eine Zeitlang wie der wichtigste Mensch der Welt behandelt wird, vor allem von seiner Mutter. Weiterhin und für immer zu glauben, »l'État, c'est moi«, wäre tatsächlich wahnwitzig.

DAS UNBEHAGEN DER GESCHLECHTER

Die Implikationen von Freuds ödipaler Beschreibung für Theorien der Homosexualität und für das Verstehen von Weiblichkeit und Männlichkeit wurden viel diskutiert. Wie wir gesehen haben, privilegierte Freud die männliche und heterosexuelle Position stark. Sogar unter seinen Anhängern waren derartige Annahmen über die Konsequenzen von anatomischen Unterschieden zwischen den Geschlechtern und der jeweiligen Art, wie Buben und Mädchen mit ihren ödipalen Problemen zurechtkommen müssen, umstritten. Mehrere Analytikerinnen wie etwa Karen Horney widersprachen Freuds Annahmen besonders heftig.

Freuds Beschreibungen legten nahe, dass das Mädchen schlechter wegkommt, und das nicht nur aufgrund kultureller Normen und Vorurteile. Einige Kommentatoren meinten, Freuds Darstellung sollte als Beschreibung betrachtet werden: als Aufzeichnung der Sitten und Neurosen einer bestimmten patriarchalen Gesellschaft. Andere betonen die Art, wie er diese beschrieb – und damit nahelegte, dass es immer so sein muss, denn »Anatomie ist Schicksal«.

Freud war der – umstrittenen – Meinung, dass das weibliche Kleinkind sich als bereits kastriert erlebt: Ihren weniger sichtbaren Genitalien fehlt seiner Annahme zufolge in der Wahrnehmung der begehrenswerte Penis ihres Bruders. (Ein wesentlicher Punkt, der von Lacan stärker betont wurde, ist allerdings, dass der Penis, das tatsächliche Glied, nicht der »Phallus« ist; dieser bezeichnet die Totemversion des Penis, der wunderbare Kräfte zugeschrieben werden: Zurückbringen, Vervollständigen und Erfüllen. Niemand verfügt über diese magische Fülle. Wir alle leben in einem Zustand des Mangels.) Wie der Bub muss das Mädchen ihre exklusive und besitzergreifende Beziehung zur Mutter aufgeben; sie wendet sich dem Vater zu. Der kann allerdings auch nicht ihr gehören; sie muss sich wiederum wie ihr Bruder aus der unmittelbaren Familie entfernen, um ein anderes Liebesobjekt zu finden. Freud dachte auch strittigerweise, dass das Mädchen (in ihrer Phantasie in Bezug auf den Vater) als gewisse Kompensation für ihren »Mangel« eines Penis ein Baby wollen könne. Er beschäftigte sich weniger mit dem Neid von Buben und Männern auf die Fähigkeit von Frauen, Kinder zu bekommen.

Während beide Geschlechter sich nach außen orientieren müssen, hat der heterosexuelle Mann von einer Frau zur anderen gewechselt; die heterosexuelle Frau von der Mutter zum Vater, und dann zu einem anderen Mann. Freud glaubte, dass die (ambivalente) Bindung des Mädchens an die Mutter in gewisser Weise immer intensiver und schwieriger sei. Ihr zweifacher Wechsel (des Objekts und seines Geschlechts) war in Freuds Denken zum Teil der Grund dafür, dass die Sexualität sich für Mädchen oft als schwieriger erwies als für Buben. Viele feministische Kommentatorinnen erhoben Einwände gegen Freuds Darstellung; einige, etwa Hélène Cixous, argumentierten dabei, dass die marginale Position des Mädchens ihr eher die Möglichkeit gäbe, aus der erdrückenden »phallozentrischen« Ordnung zu entkommen. So könne das Mädchen viel eher als der Bub Freiheit von Über-Ich und »väterlichem Gesetz« genießen. Wie auch immer, kaum ein ernsthafter Kliniker würde heute genau Freuds ursprüngliche Formulierung vertreten, laut der das Mädchen schlicht dazu bestimmt ist, diejenige zu sein, die am ehesten den Neid ertragen und unter einem stärkeren Mangelgefühl leiden muss.

Freuds Ideen zu Ödipus haben heute noch ihren Nachhall in Diskussionen über Identität und Sexualität. Lacans Betonung dessen, wie sehr wir uns danach sehnen, das Begehren des anderen zu entdecken, ist hier ebenfalls relevant. Ein Bub oder Mädchen will vielleicht ein »richtiger Mann« oder eine »echte Frau« werden, erfüllt aber in Wirklichkeit, was er oder sie unbewusst als unausgesprochene Wünsche der Eltern *für ihn oder sie* imaginiert.

Obwohl der Bub einen scheinbar weniger gewundenen Weg hat, werden die Dinge auch für ihn bald komplizierter. Freud geht davon aus, dass männliche wie weibliche Kleinkinder den Elternteil ihres Geschlechts begehren, also gibt es einen negativen ebenso wie einen positiven Ödipuskomplex. Wir alle mögen uns wünschen, mit dem Vater *und* der Mutter zu verschmelzen, ihn oder sie zu besitzen oder von ihm oder ihr besessen zu werden. Während wir unsere ödipale Situation und Identifizierung zu verstehen lernen, sind wir alle zwischen den Wünschen gefangen, diese Figuren haben und sein zu wollen und sie *nicht* haben oder sein zu wollen. Wir müssen »loskommen«, aber unsere schwierigen Auseinandersetzungen zwischen diesen frühen konfliktbeladenen Liebes- und Hassbeziehungen und Ängsten kommen wahrscheinlich in jedem Alter ab und zu wieder hoch.

Eine bestimmte charakterliche Ausdrucksform kann auch als Maske verwendet werden, um Eigenschaften zu verbergen, von denen wir imaginieren, dass andere sie inakzeptabel finden werden. Oder eine Persona wird angenommen, um sich bewusst oder unbewusst bei jemandem anzubiedern und gleichzeitig Angriffe abzuwehren. Die Analytikerin Joan Riviere beobachtete das, als sie darauf hinwies, wie männliche Ängste vor Frauen und die Sorge von Frauen bezüglich dieser maskulinen Angst eine affektierte und anpassungsbereite Form der Weiblichkeit fördern. Dies sei eine »Maskerade«, die gespielt wird, weil Frauen vermuten, dass Männer ihre intellektuellen Fähigkeiten und Stärke als unattraktiv und bedrohlich empfinden. Derartige Vorstellungen sind sowohl in der analytischen Theorie als auch in ihrer Praxis relevant. Unsere Unterstellungen bezüglich der Gefühlswelt anderer können durchaus fundiert sein oder weit daneben liegen, doch in beiden Fällen sind sie relevant dafür, das Wesen der Gefühlswelt zu verstehen. In der Analyse können Patienten genauso mit der Frage beschäftigt sein, was Analytiker *wirklich* wollen und was sie aushalten.

Freuds Darstellung nimmt eine Art Anstieg, Abnehmen und späteres Wiederaufleben von brennenden ödipalen Gefühlen an. Er nahm an, dass derartige Auseinandersetzungen bei den meisten Kindern ungefähr mit fünf oder sechs Jahren weniger wichtig werden und dann in der Pubertät machtvoll wieder auftauchen, um als Teil des Prozesses der Adoleszenz erneut bearbeitet zu werden.

Die psychologischen, anthropologischen und politischen Implikationen von Freuds Darstellung sind ausführlich untersucht worden. Historiker und Sozialwissenschaftler verweisen darauf, dass einige der Konzepte, um die es hier geht (Adoleszenz, Kernfamilie usw.) nicht über die Zeit hinweg konstant bleiben oder geographisch einheitlich sind. Selbst die Vorstellung von Kleinkindalter und Kindheit ist zutiefst von Kultur und Ort geprägt. Nichtsdestotrotz kann man argumentieren, dass die Freud'sche Darstellung des Ödipus mit ihrer Betonung von derartigen in der Gefühlswelt tief verankerten Dreiecksbeziehungen eine nützliche

Perspektive eröffnet, die wichtige Anhaltspunkte für die psychische Wahrheit und gelebte Erfahrung von Menschen bietet. Jedenfalls würden Analytiker davon ausgehen, dass der Ödipuskomplex unabhängig von den familiären Einzelheiten grundlegenden Anteil an der Strukturierung der Persönlichkeit hat.

KAPITEL 5

Raum, Zeit und Technik der Analyse

Eine einzige Konsultation oder einige wenige Sitzungen können wertvoll sein und sogar hilfreiches Licht auf die ödipalen oder auf die anderen neurotischen Probleme von Patienten werfen, aber üblicherweise handelt es sich bei der Sprechkur um eine Behandlung über Monate, eher über Jahre, und sie verspricht keine Veränderung durch eine Offenbarung. Ein Patient kann Jahre damit verbracht haben, Abwehr gegen mit Angst und psychischem Schmerz besetzte Bereiche aufzubauen; sie zu überwinden, dauert länger als einen Tag. Um die Analyse zu erleichtern, empfahl Freud eine festgesetzte Dauer (der Sitzung) und einen sicheren und beständigen Ort (das Sprechzimmer), der Vertraulichkeit gewährleistet. Dieses Kapitel geht auf Eigenschaften von Zeit, Ort und Distanz in diesem ungewöhnlichen Rahmen ein und beleuchtet die Technik. Es handelt davon, wie Analytiker arbeiten – und bietet einige Empfehlungen, einige Warnungen und stellt einige kontroverse Experimente vor.

Es stellte sich zum Beispiel heraus, dass es am besten ist, wenn der Analytiker nichts mit dem persönlichen oder beruflichen Leben des Patienten zu tun hat, um Einmischungen so weit wie möglich zu vermeiden und ein festgesetztes Muster beizubehalten. Zugegeben, Freud selbst war darin nicht konsequent und die Konventionen wurden im Laufe der Jahre strenger. Manche Patienten waren Bekannte seiner Familie. Gelegentlich diskutierte er im Sprechzimmer ziemlich unbekümmert, eher in der Art eines Lehrers, seine Theorien. Er betrachtete einen eingegrenzten Rahmen nicht immer als wesentlich; so hatte er eine Konsultation mit dem Komponisten Mahler, während sie zusammen durch den holländischen Kurort Leyden spazierten. Noch befremdlicher ist, dass Freud seine eigene Tochter Anna analysierte – das würde heute offensichtlich nicht als angemessen betrachtet.

Auch Melanie Klein verwischte die Grenzen zwischen Mutter und Analytikerin auf bedenkliche Weise, indem sie von ihren Kindern klinisches Material ableitete und es publizierte. Freud warnte davor, »wilde Analysen« durchzuführen, über tiefe Deutungen hinsichtlich von Menschen (zum Beispiel Kollegen) zu spekulieren, die nicht in Behandlung sind, selbst wenn er dem zugegebenermaßen selbst nicht immer widerstehen konnte. Seine frühen Anhänger fanden nichts dabei, ihre Träume wechselseitig zu analysieren.

Heute gehen wir davon aus, dass der Analytiker durch die Einhaltung von festen Grenzen und Vorhersagbarkeit die veränderlichen Haltungen oder die unbewussten Reaktionen auf die Behandlung von Patienten besser erkennen kann und Patienten dadurch einen einheitlichen »Rahmen« geboten bekommen. Der Analytiker versucht, die Sitzungen auf verlässliche Art und Weise zu beginnen und zu beenden. Sogar Rechnungen werden möglichst jeden Monat im gleichen Stil überreicht. Patienten können sehr unterschiedlich auf derartige Routinen reagieren, aber auch von Sitzung zu Sitzung verschiedene Gefühle haben. Einer meiner Patienten versäumte es eines Monats ausnahmsweise, seinen Scheck vorzulegen, sagte, er sei verwirrt, und erkannte dann, dass die Rechnung nach einem Traum über seine Familie gekommen war. Er erinnerte sich dann daran, dass er beim Lesen der Rechnung so etwas wie einen »explosiven Gedanken« hatte: »Wenn es ihm [dem Analytiker] um mich ginge, würde es weniger kosten oder gratis sein. Ich wette, er verlangt von der jungen Frau weniger, die vor mir zu ihm kommt.« Das löste eine Erinnerung an seine Vermutung als kleiner Bub aus, dass seine Eltern heimlich seine Schwester vorziehen könnten, und an seine diesbezügliche Verletzung.

PÜNKTLICHKEIT

Alle möglichen Bedeutungen können dem Rahmen zugeschrieben werden; jemand kann es zum Beispiel als grausame Ungerechtigkeit empfinden, dass der Analytiker die Sitzung pünktlich beendet. Ein Patient sagte einmal zu mir: »Sie sollten mir fünf Minuten mehr geben, wenn ich wirklich aus der Fassung bin und dann die folgende Sitzung kürzer machen, wenn Sie das unbedingt müssen ... wenn ich mich besser fühle.« Diesem Wunsch nachzukommen, hätte es aber schwieriger gemacht, die Gefühle aufzuklären, die aufgerührt wurden, und ihm eine falsche Bestätigung gegeben. Die Routine ermöglicht es dem Analytiker zu vermeiden, allmächtige Urteile darüber zu fällen, ob die Arbeit irgendwohin führt. Jemand kann unabsichtlich zu früh zu einer Sitzung kommen, zur nächsten zu spät, eine dritte vergessen, und dann im Nachhinein erkennen, wie das verschüttete Unmutsgefühle über die Wartezeit dazwischen widerspiegelt. Die Karikatur besagt, dass ein Analytiker automatisch unterstellt, dass eine Verspätung dem Unbewussten des Patienten geschuldet ist.

In einer wahrscheinlich apokryphen Geschichte über Melanie Klein kommt ein Mann während des Krieges zu spät zu seiner Sitzung, nachdem auf seinem Weg dorthin eine Bombe gefallen war. Er erklärt ihr die Umstände und setzt bissig nach: »Aber ich bin sicher, dass es meine Schuld war«. Es geht darum, gegenüber der Vorstellung offen zu sein, dass ein psychischer Faktor im Spiel sein kann – nicht *muss*. Was immer der Grund für eine Verspätung ist, das Ereignis selbst kann in der Analyse sehr wohl neue Bedeutungen und Implikationen generieren.

Die Notwendigkeit der verlässlichen fünfzigminütigen Stunde ist von manchen Analytikern in Frage gestellt worden und sie wird nicht allgemein angewandt. In der Nachkriegszeit führte Lacans Arbeit sogar zu einer großen Auseinandersetzung, in der es hauptsächlich um seine Experimente mit Sitzungen von variabler Länge ging, die er als therapeutisches Werkzeug rechtfertigte. Dieser Ansatz bedeutete, dass

Sitzungen (für Patienten) unvorhersehbar endeten, wenn der Analytiker der Meinung war, dass ein Schlüsselmoment von psychischer Bedeutung »unterbrochen« werden müsse. Viele, auch ich, sind mit diesem Ansatz nicht einverstanden. Er kann zu leicht launenhaft oder eigennützig angewandt werden und trägt meiner Meinung nach übermäßig zu einer ohnehin schon asymmetrischen Beziehung bei. Er spielt auch potenziell Patienten gegeneinander aus; unpünktliche Enden können letztlich auch ungewisse Beginne nach sich ziehen. Eine Folge in Lacans eigenem Fall war tatsächlich, dass mehrere oder sogar massenhaft Patienten in seinem Warteraum saßen und sich die Zeit vertrieben, bis sie plötzlich aufgerufen wurden, als seien sie die Höflinge eines Königs.

Die Vorteile dieser zusätzlichen Dimensionen der Unsicherheit und interessante klinische Einsätze der Technik und ihrer gewaltigen Wirkung sind allerdings in einer bodenständigeren Sprache von Anhängern von Lacan wie Bruce Fink gut belegt. Lacan selbst war der Kritik begegnet, indem er behauptete, dass die vorhersagbare analytische Stunde bedeute, die langatmigen Abschweifungen eines Patienten über das Werk Dostojewskis ertragen zu müssen, während die variable Sitzung eine Flut von wichtigem, unbearbeitetem Material freisetze.

Bion dagegen verwies darauf, dass es in Wahrheit bereits ein recht interessantes klinisches Phänomen ist, wenn ein Patient sich als langweilig erweist, und das besser toleriert und erforscht werden sollte. Lacan zufolge konnte allerdings die Verunsicherung helfen, den Wunsch von Patienten nach einem gemütlichen, aber nutzlosen *tête-à-tête* zu vereiteln; die Analyse solle, wie er einmal erklärte, nicht »kuschelweich« gemacht werden. Wenn er sich mit solchen Experimenten auch weit aus dem Fenster lehnte, standen andererseits diese Abenteuer mit der Zeitplanung in der mutigen Tradition von Freud, der sich des möglichen Werts solcher Schocktaktiken durchaus bewusst war, die, wie er es im Fall des Wolfsmanns ausdrückte, in völligem «Ernst« ausgeführt werden.

Bei W. ging es nicht darum, die Sitzung zu kürzen, sondern abrupt ein definitives Abschlussdatum zu bestimmen, ohne das mit dem Patienten zu besprechen. Freud kam zu dem Ergebnis, dass W.s starke Widerstände zur Stagnation führten. »Unter dem unerbittlichen Druck dieser Terminsetzung gab sein Widerstand, seine Fixierung aufs Kranksein nach, und die Analyse lieferte nun in unverhältnismäßig kurzer Zeit all das Material, welches die Lösung seiner Hemmungen und die Aufhebung seiner Symptome ermöglichte.« Leider strafte die weitere Geschichte des Mannes jede Vorstellung Lügen, dass diese Entscheidung eine solche Meisterleistung gewesen sei.

Dennoch können die letzten Monate einer Analyse – wenn der Abschluss sich aus einer vagen Aussicht zu einem unmittelbareren und realistischeren Faktor entwickelt – besonders lebendig und bewegend sein. Abschlüsse können Patienten dazu bringen, mit frischer Dringlichkeit zu kommunizieren und zu versuchen, schnell zu konsolidieren, was sie gewonnen haben; sie können auch den Aufbau neuer Abwehrmechanismen hervorrufen oder das unheimliche Gefühl erzeugen, in die Kindheit zurückkatapultiert zu werden. Die Forschung lässt auch vermuten, dass gelegentlich der Zeitraum nach dem Abschluss besonders produktiv sein kann, wenn die Analyse nach ihrem formalen Ende am stärksten weiter einsickert.

Die Art von Ultimatum, die Freud W. gestellt hatte, wird häufiger umgekehrt ausgespielt, indem ein Patient den Analytiker in Verlegenheit bringt, indem er droht, nie wieder zu kommen, oder plötzlich den Stecker zieht und die Behandlung für beendet erklärt.

Das führt uns wieder in die Frühzeit zurück, als eine Patientin, die Freud »Dora« nannte und die wir in Kapitel 8 noch einmal antreffen werden, ihn sitzenließ. Es ist durchaus charakteristisch, dass Freud versuchte, aus dieser schmerzlichen Erfahrung zu lernen.

AUF DER COUCH

Hat sie einmal angefangen, liegt der Patient bei der Analyse gewöhnlich und ist dadurch ebenso wenig wie der Analytiker dem Blick direkt ausgesetzt. Diese ungewöhnliche Art, mit jemand anderem zu sprechen, stammt ebenfalls von Freud und soll die Entspannung erleichtern und dadurch ermöglichen, dass die Gedanken des Patienten (und des Analytikers) frei schweifen können. Keiner der beiden steht in ständigem Augenkontakt oder muss diesen vermeiden. Die Aufmerksamkeit des Analytikers ist idealerweise eher freischwebend als darauf fokussiert, etwas Bestimmtes zu betrachten.

Patienten reagieren auf die Couch höchst unterschiedlich. Manche finden das Liegen zunächst peinlich oder sogar erniedrigend; andere sehen es als suggestiv, aufregend, entspannend oder tröstlich. Ein Patient kommentierte: »Es ist wie ein Zahnarztstuhl, nur noch schlimmer.« Eine andere verdächtigte ihren Analytiker eines Machtrauschs, als sie eingeladen wurde, die Couch zu benutzen, sagte aber dann, dass sie sich damit nicht wohl fühle, sich zu sehr »wie zu Hause« einzurichten. »Muss ich meine Schuhe ausziehen?«, fragte Rob in seiner ersten Sitzung, bevor er über bestimmte Kontaminationsängste sprach. Er entschied sich dann, lieber zu sitzen als die Couch zu benutzen, die sich zu beängstigend anfühlte. Patienten, die große Angst haben, verrückt zu werden, haben möglicherweise das Bedürfnis, den Analytiker tatsächlich vor sich zu sehen, im Unterschied zu einer gefürchteten oder sogar halluzinierten Version.

Scheinbare Nebenreaktionen bezüglich des Arrangements und sogar der Möbel sind nicht irrelevant: Wie ein Patient persönlich reagiert, kann helfen, unbewusste Gedanken zum Leben zu erwecken. Wie wir eintreten und wieder gehen, das Zimmer oder die Couch wahrnehmen, mit dem Wochenende oder einer Urlaubsunterbrechung zurechtkommen, mit zeitlichen Zwängen in Sitzungen oder der Rechnung umgehen, kann durchaus von Gewicht sein, selbst wenn Patienten solche Dinge als belanglose Präliminarien zur »wirklichen« Aufgabe betrachten.

DRITTE

Die Analyse verlangt herkömmlicherweise einen diskreten Rahmen, einen Raum, in dem der Patient vertraulich sprechen kann. Eine dritte Person, die tatsächlich hineinhören würde, würde daher die Bedingungen deutlich verändern. Manchmal wurden für Ausbildungszwecke oder für Experimente mit unterschiedlichen therapeutischen Methoden Tonaufnahmen gemacht; man sollte jedoch (ungeachtet der Einwilligung des Patienten) die potenziellen Komplikationen und Schwierigkeiten nicht unterschätzen. Manche würden in dieser Art von Eingriff in die Standardpraxis sogar einen grundlegenden Widerspruch zum Wesen der Methode sehen, andere meinen, das Unbehagen des Therapeuten sei in derartigen Umständen typischerweise stärker als das des Patienten und könne überwunden werden.

Doch selbst bei gewöhnlichen analytischen Behandlungen in striktem Einzelgespräch können Patienten sprechen, als hätten sie *implizit* mehr Gesellschaft als nur den Analytiker. Wir können fürchten, jemanden durch unsere Worte zu verletzen, und uns wie R. entsetzlich abgehört und beobachtet fühlen. Nehmen wir den Fall eines Patienten, der aus Angst vor der Empörung, die ein geliebter Mensch angesichts seiner »illoyalen« Beichte empfinden könnte, flüstert. Oder vielleicht soll dieses Flüstern ein wenig verführerisch implizieren, dass »das nur für Sie ist ... lassen wir andere außen vor« – etwas, was Analytiker sehr wohl bemerken würden, die vor ödipalen Gefühlen auf der Hut sind. Manche sind davon besessen, sich vorzustellen, dass der Analytiker nur über seine eigenen Angehörigen nachdenkt; das Wissen, dass der Patient für den Analytiker tatsächlich nicht der wichtigste Mensch der Welt ist, kann besonders schmerzlich sein, wenn die aufgerührten alten Gefühle stark sind.

Es gibt andere Ausnahmen von diesem Standardmodell des Einzelgesprächs. Der analytische Ansatz wurde bei der Behandlung von Paaren und Gruppen angewandt; aber auch hier ist Vertraulichkeit wichtig. Ob ein Analytiker wie ein katholischer Pfarrer in der Beichte immer an die Ethik der Nichtoffenbarung gebunden sein muss, ist eine schwierige Frage. Kliniker brauchen regelmäßige Supervision und einen klinischen Kontext (Seminare und so weiter). Freud und seine Anhänger sahen den Zweck ihrer Arbeit auch als das Streben nach Wissen über die Psyche und die Förderung der Technik, weshalb sie ihre Arbeit diskutierten und ihre Erkenntnisse publizierten. Hier ergibt sich auch ein unvermeidlicher Konflikt zwischen dem Imperativ, die Identität des Patienten vollkommen zu verschleiern, und der Notwendigkeit, das Material wirklichkeitsgetreu ohne zu viel Schein zu präsentieren.

Es gibt auch Extremsituationen, zum Beispiel, wenn der Kliniker Gründe haben könnte, um die Sicherheit des Patienten, seiner Angehörigen oder anderer zu fürchten; hier kann es unbedingt notwendig sein, mit einem Dritten zu sprechen, um Rat einzuholen oder ein Unglück abzuwenden. Ein Trend in der aktuellen Gesellschaft, den Christopher Bollas und David Sundelson in *The New Informants* beschrieben haben, ist allerdings, dass alle möglichen Therapeuten in Situationen geraten, in denen sie außenstehenden Einrichtungen (Krankenversicherungen, wenn diese die Behandlung bezahlen, Sozialarbeitern, Gesundheitsbehörden) routinemäßig über den Fortschritt von Patienten – oder sein Ausbleiben – berichten müssen. Auch das kann zu ernsthaften Konflikten führen. Die Gefahr besteht darin, dass die Behandlung zu einer Analyse vor einem Ausschuss verkommt, oder, noch schlimmer, zum potenziellen Missbrauch von Daten für Zwecke außerhalb der Therapie führt.

Die Diskussion über diese Fragen ist nicht abgeschlossen, da man durchaus überzeugend die Ansicht vertreten kann, dass mehr Gutachten über »Resultate« sinnvoll wären, ganz besonders in öffentlichen Gesundheitssystemen, solange Sicherheitsmaßnahmen gesetzt werden, um Anonymität und Datenschutz zu gewährleisten. Sicherlich ist die analytische Begegnung in vieler Hinsicht einzigartig und unbeschreiblich; sie kann nicht auf die nackten Zahlen von »Erfolgen« und »Fehlschlägen« reduziert werden, da eben die Definition dieser Begriffe in Frage steht. Eine persönliche

»Entdeckungsreise« kann nicht »getestet« werden, wie das für Medikamente üblich ist.

Dennoch ist auch klar, dass manche Patienten finden, dass dieser Prozess mehr bewirkt als andere. Der Psychologe und Analytiker Peter Fonagy argumentiert, dass die Geringschätzung gegenüber solchen Tests und/oder der Prüfung durch Außenstehende die Stellung der Analyse in der Öffentlichkeit geschwächt habe und von einer selbstzufriedenen Form von »Sonderargumenten« herrühre, nämlich der reflexartigen Annahme, dass Jahre auf der Couch unbedingt die beste Lösung seien. Er verweist auf die wachsende Verfeinerung der Testmethoden und zeigt, wie klinische Studien von psychoanalytischer Psychotherapie tatsächlich erhebliche Beweise für den praktischen Nutzen der Methode geliefert und damit das Argument für ihre öffentliche Finanzierung gestärkt haben.

Ob ein Analytiker nun solchen Studien enthusiastisch gegenübersteht oder sie als Anathema betrachtet, er braucht Selbstdisziplin und Grenzen – und darf irrelevante Informationen nicht an Dritte weitergeben, auch nicht über sich selbst an den Patienten, das Paar oder die Gruppe in Behandlung.

WARUM MÜSSEN ANALYTIKER PATIENTEN SEIN?

Eine – unumstrittene – wesentliche Anforderung ist, dass Analytiker zuerst Patienten werden. Diese Forderung war im Großteil des letzten Jahrhunderts gültig, wenn auch derartige Behandlungen in der Frühzeit oft (nach heutigen Standards) kurz waren. Zugegeben, die persönliche Erfahrung der Analyse ist keine Garantie gegen spätere Übergriffe, doch es war bereits Freud und seinen engsten Vertrauten klar geworden, dass diejenigen, die nicht oder nur oberflächlich behandelt worden waren, häufig als Praktiker in Schwierigkeiten gerieten, ohne die Gründe dafür zu verstehen. Sie *inszenierten* Szenarien, anstatt sie zu analysieren.

Freud war zum Beispiel mit dem Problem von Jungs Verhalten konfrontiert, als dieser sich auf eine Affäre mit seiner Patientin Sabina Spielrein einließ, ein Debakel, das später in einem Theaterstück beschrieben wurde, das wiederum zum Spielfilm wurde: *A Dangerous Method*. Der Analytiker ist natürlich moralisch gefordert, in diesem Sinne »abstinent« zu sein, aber auch, Enthüllungen über persönliche, unverarbeitete Emotionen in Bezug auf den Patienten oder andere Menschen zu vermeiden. Wenn er gut arbeitet, setzt der Analytiker bei der Formulierung einer Deutung Gefühle ein; das ist nicht dasselbe, wie dem Patienten die eigenen Phantasien, Wünsche oder Abneigungen zu beichten.

In der Geschichte der Analyse gibt es gelegentlich schmerzliche oder schockierende Beispiele von Praktikern, die ihr klinisches Gleichgewicht auf die eine oder andere Art verloren haben, so machtvoll sind unbewusste Prozesse. Das ist immer ein Berufsrisiko. Eine Kontroverse gibt es zum Beispiel um Sándor Ferenczi,

Melanie Kleins ersten Analytiker, einen begabten Kliniker mit einer außerordentlichen Empathie für menschliches Leid, der sich gegen Freuds recht leidenschaftslosen Stil auflehnte. Ferenczi war der Meinung, dass Freud zu leichthin über den vollen Schrecken des kindlichen Missbrauchs, Vergewaltigung eingeschlossen, hinwegging. Er sprach das Leiden seiner Patienten klar aus, gab aber auch deutlich seiner Hoffnung Ausdruck, durch seine Technik ihre Krankheiten lindern zu können, und das in einem Stil, der viel weniger »kühl« war als derjenige Freuds. Er bot tröstende Worte, Selbstenthüllungen und gab scheinbar seiner Zuneigung zu bestimmten Patientinnen manchmal unangemessen Ausdruck, obwohl heiß umstritten bleibt, wie weit er dabei ging.

Nachdem er gewisse Gerüchte gehört hatte, beschuldigte ihn Freud direkt, Patientinnen zu küssen, ein offensichtlicher Missbrauch. Ferenczi wiederum versuchte, Freud zu beschwichtigen und räumte in seiner Arbeit und seinem Stil eine gewisse »Leidenschaft« ein, bezog sich aber auf seine »asketische« Methode der »aktiven Therapie«. Vieles ist seither über seine Ansichten und Aktivitäten geschrieben worden, auch darüber, was möglicherweise geschehen ist oder durch spätere, parteiische Kommentare verzerrt wurde. Sicher ist, dass seine tiefempfundene Kritik an Freud weiterhin nachhallt. Doch durch die Anpassung seines analytischen Ansatzes in der Hoffnung, eine korrigierende »gute« Erfahrung zu bieten, beunruhigte Ferenczi verständlicherweise Freud und andere. Anschuldigungen, er sei einfach »verrückt geworden«, waren allerdings übertrieben. Wie die Forschung gezeigt hat, spiegelten diese Anschuldigungen gegen Ferenczi auch die komplexen persönlichen und politischen Spannungen innerhalb der analytischen Bewegung der 1930er Jahre wider.

NARZISSTISCHE KRÄNKUNGEN

Die ausgedehnte Analyse des Analytikers soll eine Gelegenheit bieten, unbewusste Neigungen zu erforschen und sie so weit wie möglich durchzuarbeiten, um dem Kliniker zu helfen, dem Druck von Patienten und dem inneren Druck zu widerstehen und ihn zu registrieren.

Die Bedeutung dieser Wende, in der der Analytiker zunächst Patient ist, ging tief und war Teil von Freuds Angriff auf den menschlichen Narzissmus – nicht zuletzt den Narzissmus von Klinikern. Eine Persönlichkeit hat, wie Bion es formuliert, immer neurotische und psychotische Züge, wenn auch natürlich nicht immer zu gleichen Anteilen.

Freud zufolge steht also der Analytiker nicht »über« dem Patienten, sondern ist jemand, der selbst bereits einige analytische Arbeit und Ausbildung unternommen hat. Es ist für einen neuen Auszubildenden nicht dasselbe, in der Theorie über neurotische oder selbst recht verrückte Zustände zu lesen oder sie in der Behandlung anderer mitzuerleben, oder zu erleben, wie ihre Spuren schmerzhaft in seiner Analyse auftauchen. Damit soll nicht gesagt werden, dass ein

Augenblick der Verrücktheit dasselbe ist wie eine ausgewachsene Psychose. Dennoch wäre ein Praktiker, der behauptet, noch nie intensive, sogar verrückte Eifersucht, übertriebene Angstzustände, Phobien der einen oder anderen Art, Allmachtsphantasien, Neid, Mordgedanken oder Melancholie erlebt zu haben, eine unglaubwürdige Gestalt und höchstwahrscheinlich nicht geeignet, andere zu analysieren.

Manche Therapeuten sprechen von »Klienten«, um die medizinischen Konnotationen des Wortes »Patient« zurückzuweisen und den Austausch weniger asymmetrisch zu gestalten – ein »Klient« ist schließlich jemand, der einen Dienstleister »anstellen« und »feuern« kann. Die meisten Psychoanalytiker entscheiden sich allerdings für »Analysand« oder bleiben (wie ich hier) bei »Patient«, ein Begriff, der auf die Vorstellung eines leidenden Menschen zurückgeht.

Freud war der Meinung, dass seine Arbeit nur die letzte in einer Reihe von Infragestellungen der menschlichen Eigenliebe sei: Auf die Enthüllungen von Kopernikus, dass die Sonne sich nicht um die Erde dreht, und später Darwins Demonstrationen unserer tierischen Abstammung und unseres weiter bestehenden evolutionären Zustands, folgte Freuds Demonstration, dass nicht einmal das Ich Herr im eigenen Haus ist.

FRAGEN

Im Idealfall hört der Analytiker in einem Zustand von »gleichschwebender Aufmerksamkeit« zu; offen dafür, was vom anderen auftaucht und so achtsam wie möglich (so paradox das auch klingen mag) gegenüber eigenen unbewussten Aspekten. Fragen, die der Patient stellt, können völlig offen gelassen werden oder zu einer weiteren Nachfrage führen. Der Analytiker versucht, solche Forderungen eher zu untersuchen als zu »befriedigen«. Das kann kompliziert sein, wenn zum Beispiel der Patient fragt, ob die Analyse nützlich ist. Vor dem Beginn kann der Analytiker durchaus eine Ansicht wagen. Aber stellen Sie sich vor, eine Patientin fragt in der ersten Sitzung: »Werden Analysepatienten je gesund?« Hier müssten wir eine Pause einlegen, bevor wir eine überstürzte Antwort liefern; was stattdessen nötig sein könnte, ist eine Nachfrage, was hinter dieser Frage steht: Werden *Ihre* Patienten je gesund? Wird es *mir* je besser gehen? Können *Sie* eigentlich etwas? Bin ich in guten Händen? Halten Sie es aus, wenn ich Sie mit solchen Fragen in Frage stelle?

Das Fehlen von konventionellen Bestätigungen (»Sie werden das schon gut machen«) oder »didaktischer« Information (»Ja, viele werden gesund, hier sind einige Artikel über psychoanalytische Resultate«) kann für manche Patienten durchaus sehr beunruhigend sein. Doch eben die Abwesenheit von Aufforderungen, Argumenten oder höflicher Konversation von Seiten des Analytikers schafft eine besondere Möglichkeit. In der Sitzung besteht die schwierige Aufgabe des Analytikers darin, diese Rolle aufrechtzuerhalten, sich nicht als Sparringpartner, Pflegerin, Lehrer, Anwältin, Richter usw. anzubieten, obwohl wir uns häufig in gewissem Ausmaß unbewusst in die eine oder andere Richtung gezogen fühlen und dann unsere Funktion so gut wie möglich wieder zurückerobern müssen.

Patienten greifen Merkmale der realen Persönlichkeit ihrer Analytiker auf und verzerren diese auch. Egal, wie gut Kliniker ihre Haltung bewahren, kann es geschehen, dass Patienten sich extrem auf ihre privaten Gedanken einstimmen oder sie bei anderen Gelegenheiten wie jemand behandeln, der völlig anders ist als sie, als wären sie zur Reinkarnation des wütenden Vaters, der tröstenden Mutter, der streitsüchtigen Schwester oder des einschüchternden Ehepartners des Patienten geworden. Klein und andere zeigten, wie der Analytiker von Patienten sogar als bestimmter Aspekt einer Person oder Sache betrachtet werden kann, etwa als großzügig die Brust gebend oder sie grausam verweigernd. Klein benutzte diese recht überraschende Sprache der Körperteile sehr direkt, sehr viel mehr als die meisten Analytiker es heute im Allgemeinen tun.

KÖRPER UND WORTE

Der Analytiker versucht, genau darauf zu achten, was der Patient sagt oder tut. Körperbewegungen, sogar bestimmte Krankheiten können mit Bedeutungen belegt sein, die verstärken oder dem widersprechen können, wie wir an der Oberfläche mit Worten agieren. Körperliche Handlungen können auch Spuren unserer Instinkte enthüllen, wie Darwin bereits vor Freud gezeigt hatte. Gesten wie Stirnrunzeln oder Zähnefletschen sind ihm zufolge Zeugnisse unserer evolutionären Abstammung. Körper-Geist-Beziehungen wurden über Jahrhunderte hinweg in vielen unterschiedlichen medizinischen Traditionen und Denksystemen berücksichtigt. Was Freud vorlegte, war eine besondere Betrachtungsart dessen, wie bestimmte körperliche Phänomene mit unserer Psyche interagieren und sie ausdrücken; so untersuchte er zum Beispiel den hysterischen Körpereinsatz. In jüngerer Zeit haben Analytiker sich ausführlich mit dem Feld der psychosomatischen Erkrankungen auseinandergesetzt, vielleicht besonders in Frankreich.

Wir wissen, dass Gesichter oder Gliedmaßen zum »Sprechen« gebracht werden können, auch wenn jemand nichts sagt, und dass ein schwerfälliger oder flotter Gang, eine zerzauste oder untadelige Erscheinung bewusst oder unbewusst dazu dienen können, einen psychischen Zustand zu vermitteln. Wörter können dadurch, wie sie geäußert werden, verstärkt, unterlaufen, dramatisiert oder verspottet werden: Denken Sie einen Moment daran, wie wir diese komplexen Beziehungen zwischen Soma und Psyche ganz selbstverständlich annehmen, wenn wir Begriffe kombinieren und darüber sprechen, dass jemand eine dünne oder dicke Haut hat, mit den Händen spricht, vor Wut bebt, vor Stolz platzt, bedauernd seufzt, sich etwas verkneift, vor Wut schnaubt und so weiter.

Ganz offensichtlich haben Analytiker und Patient Entscheidungen zu treffen – etwa wann und wie sie sprechen sollen –, wenn das auch nicht ganz symmetrisch ist. Wie in der Musik können Pausen im Sprechzimmer bewegend, geheimnisvoll, bedeutungsvoll, verführerisch, beunruhigend, zornerfüllt oder angstbesetzt sein. Der Patient ringt manchmal damit, *wie* überhaupt etwas ausgesprochen werden kann, und der Analytiker kann Mühe haben, den richtigen Moment zu finden, um zu interpretieren, einen Zeitpunkt, zu dem der Patient wirklich aufnahmebereit ist.

ABSCHLÜSSE

Eine Analyse ist eine flüchtige Beziehung, auch wenn es sowohl für Patienten als auch für Analytiker schwierig sein kann, sie aufzugeben oder auch die eigene Sterblichkeit zu akzeptieren. Wie lange dauert die Arbeit an? Der Analytiker sollte freilich ihre übermäßige Weiterführung hinterfragen, besonders dann, wenn ein Patient ihre Dauerhaftigkeit anzunehmen scheint. Das Problem ist, dass es keinen Konsens darüber gibt, was »zu lang« bedeutet. Im Idealfall kommt ein Zeitpunkt, zu dem sowohl Analytiker als auch Patient gemeinsam den passenden Endpunkt beschließen, über das Erreichte und über realistische Ziele reflektieren: Ist die Verlängerung eine Form der süchtig machenden Abhängigkeit (für einen von ihnen oder beide), oder bewirkt sie eine zusätzliche, kreative Anstrengung, die eine psychische Entwicklung fördert?

Während in Freuds Tagen Analysen manchmal innerhalb von Wochen oder Monaten beendet wurden, haben sich gewisse analytische Subkulturen (zu meiner Beunruhigung) dahingehend entwickelt, dass sie routinemäßig viele Jahre dauern können, ohne dabei die Gründe dafür ausreichend zu hinterfragen: Sie sind eher akzeptierter Lebensstil denn Behandlungsform. Das kann ausbeuterisch oder sogar eine gemeinsame psychotische Störung sein. Einige Patienten scheinen letzten Endes ihre betagten Analytiker geradezu zu »pflegen«, wenn es diesen schwerfällt, sich zur Ruhe zu setzen.

Nichtsdestoweniger gibt es Gelegenheiten, bei denen eine Analyse sinnvoll sogar über Jahrzehnte hinweg geführt werden kann, wenn der Patient sich dafür entscheidet und es weiterhin nützlich findet; das kann auch die beste mögliche Lösung für jemanden sein, der sonst stationär in einer Klinik leben müsste. Freud schrieb spät in seinem Leben über die potenzielle Unbeendbarkeit des Prozesses und sinnierte darüber, wann es am besten sein könnte, »schlafende Hunde nicht zu wecken«. Oft genug fehlt es jedoch alten und jungen Patienten an Gemütsruhe; die Hunde schlafen nicht. Das ist vielleicht einer der Gründe, warum Patienten kommen – möglicherweise kann »Gemütsruhe« aber auch nur durch eine Art psychischen Tod erreicht werden, der den Menschen von lebendiger Emotion und dem Kontakt zu anderen abschneidet.

KAPITEL 6

Krieg, Politik und Ideen

Die in Kapitel 5 beschriebenen Technikdebatten haben sich über Jahrzehnte entwickelt und hatten einer zweiten Generation von Klinikern viel zu verdanken, die zwischen den 1920er und den 1950er Jahren prominent wurden. Bevor wir in Kapitel 7 genauer auf die Arbeit einiger Hauptfiguren dieser zweiten Welle eingehen, die bisher nur nebenbei erwähnt worden sind, ist es wichtig, den Rahmen abzustecken und an den angespannten historischen Kontext zu erinnern, in dem die Psychoanalyse sich entwickelt hat. Dieses Kapitel skizziert Freuds spätere Ideen und verweist auf den breiteren politischen Zusammenhang zwischen 1914 und 1945.

Analytische Ideen haben häufig zwei Seiten: einen spekulativen Aspekt (der bei Freud so ausgeprägt ist, der sich freizügig aus Anthropologie, Literatur, Naturwissenschaften oder allgemeinen Beobachtungen über seine Familie, sich selbst oder die sich bekriegende Welt rund um ihn bediente) und eine direktere klinische Komponente, in der unerwartete Entwicklungen mit Patienten zu neuen Theorien führen.

Das zeigt sich besonders deutlich in Freuds Diskussion des »Todestriebs«, einer Idee, die in *Jenseits des Lustprinzips* (1920) ausgeführt wird. Dieses uneinheitliche Werk kombiniert im unmittelbaren Zusammenhang mit dem Krieg große Theorien mit Beobachtungen über Freuds kleinen Enkel, Spekulationen über die Biologie, Verweise auf Mythen und klinische Einsichten. Freud verwies darauf, dass eine unbewusste psychische Kraft darauf abzielen könne, die Lebenskraft des Subjekts anzugreifen, Verbindungen zu zerstören, Spannungen auf ein Minimum zu reduzieren und einen trägen, sogar »anorganischen« Zustand wiederherzustellen. Er sinnierte sogar über einen Trieb, der aktiv *gegen* den Lebenswillen selbst arbeitet. Dieser, so schien es, kann nach innen gerichtet sein und damit eine Art Selbstzerstörung ermöglichen, sich aber auch in aggressiven und tödlichen Einstellungen anderen gegenüber manifestieren.

Das Über-Ich, ein weiteres Schlüsselkonzept dieser Zeit, könne von einer gnadenlosen und sadistischen Kraft durchzogen werden, die manchmal das Subjekt zerreißt. Während und nach dem Ersten Weltkrieg war es vielleicht nicht überraschend, dass Freud sich den Problemen von Melancholie, Tod, Hass und Grausamkeit im Herzen von Zivilisation und Psyche zuwandte; er war damit bei Weitem nicht alleine. Ab und zu hatte Freud (als der Mann seiner Zeit, der er war) sich das, was er »primitive« Völker nannte, als eine Art separate barbarische Entität vorgestellt, die im Gegensatz zu dem ihm bekannten Europa stand. Einige seiner Anhänger sprachen unbekümmert und gönnerhaft zum Beispiel von der »afrikanischen Psyche«. Freud unterwanderte solche Unterscheidungen allerdings auch und sah das Archaische und Irrationale als unlösbar mit eben der Zivilisation verbunden, die er schätzte, und – und das ist entscheidend – auch als Teil von uns allen. In einem berühmten Buch von 1930, *Das Unbehagen in der Kultur*, vertiefte er seine Ansicht, dass wir die Gesellschaften und Gemeinschaften, die uns einengen, immer teilweise hassen; während wir sie schätzen und aufbauen wollen, will ein anderer Teil von uns sie niederreißen.

Freuds Frühwerk hatte die Sexualität und ihre Konflikte stark betont; seine späteren Bücher und Artikel während und nach dem Ersten Weltkrieg schenkten der Rolle von Wiederholung, Aggression und zerstörerischen Gefühlen, die gegen sich selbst, andere oder beide gerichtet sind, mehr Aufmerksamkeit, aber auch den unterschiedlichen Arten, wie wir mit Schuldgefühlen umgehen. In einem großartig suggestiven Aufsatz von 1917 untersuchte Freud Ähnlichkeiten und Unterschiede zwischen Zuständen von Trauer und Melancholie. Drei Jahre später, in *Jenseits des Lustprinzips*, betrachtete er neben seiner Untersuchung des Todestriebs erneut Traumata und die inneren Quellen von Unsicherheit und Angst. Schließlich fasste er Angst nicht nur als Nebenprodukt von Konflikten zwischen dem unbewussten Begehren des Einzelnen und den Diktaten der »›zivilisierten‹ Sexualmoral« auf, sondern auch als die Folge der eigenen innerlich zerrissenen Gefühle und Gedanken, etwa gewalttätiger und hasserfüllter Wünsche in Kombination mit beängstigender Beunruhigung bezüglich ihrer Konsequenzen. Er erkannte, dass die Psyche sowohl von inneren wie von äußeren Kräften überwältigt werden kann.

In *Hemmung, Symptom, Angst* (1926) wies Freud darauf hin, dass Angst ebenso zu Verdrängung führen könne wie umgekehrt die Verdrängung neurotische Unruhe auslösen kann. Er arbeitete den Unterschied zwischen einer Angst heraus, bei der eine Bedrohung von außen wohlbegründet ist, und neurotischer Angst, die vor allem eine Reaktion auf innere Bedrohungen sei. Er interessierte sich auch dafür, wie Formen der Panik, die an das Kleinkindalter erinnern, in jedem Stadium zurückkehren und das Subjekt überwältigen können.

Andere griffen Freuds Ideen über Tod, Aggression, Angst und das Über-Ich in Arbeiten über Geschichte, Politik und Gruppenprozesse auf. Der Nationalsozialismus, meinte Erich Fromm, sei charakterisiert durch seine Sehnsucht nach Abschluss, seine tiefe Begeisterung für Selbstmord und Mord, Tod und Tödlichkeit in allen ihren Gestalten.

Die Meinungen gingen bezüglich der Gültigkeit von Freuds Todestrieb immer schon auseinander. Einige Analytiker haben ihn sogar vollständig unberücksichtigt gelassen. Und welcher orthodoxe Darwin-Anhänger könnte zudem die Vorstellung von etwas grundlegendem in uns allen akzeptieren, das dem Überlebenskampf feindlich gesonnen ist? Dennoch finden viele Kliniker das Konzept nützlich, um letale und/oder völlig lethargische Geisteszustände zu denken. Freud interessierte sich auch zunehmend für die

Rückfälle, die einige seiner eigenen Patienten erlitten hatten, und für die Kämpfe, die zwischen gesunden und kranken Anteilen des Ich andauern.

Freud und seine Kollegen (der Großteil seines inneren Kreises waren auch Jüdinnen und Juden) hatten die Psychoanalyse in der sich auflösenden Welt der Habsburger Monarchie entwickelt. Die frühen Analytiker hatten auch das Aufkommen neuer, populistischer Formen des Antisemitismus in Wien, schrillen Nationalismus und Militarismus und bald auch den industrialisierten Krieg erlebt, der zwischen 1914 und 1918 Millionen Tote forderte. In seiner Folge kamen eine schreckliche Grippeepidemie (die auch für den Tod von Freuds Tochter Sophie verantwortlich war), Jahre der Wirtschaftskrise, der Aufstieg des Faschismus, Hitlers Machtergreifung, eine sich ständig intensivierende rassistische Verfolgung und der Zusammenbruch des fragilen internationalen Friedens.

Als Freud im Jahr 1939 in London im Sterben lag, nachdem er ein Jahr zuvor aus Wien entkommen war, stand ein zweiter gewaltiger militärischer Konflikt zu erwarten; das sah er voraus, doch nicht den ganzen Schrecken des Holocaust, in dem seine Schwestern umkommen sollten. Aus den Kriegsruinen entstand nach 1945 eine neue Weltordnung unter Führung der Vereinigten Staaten, die rasch durch die Aussicht auf eine alles vernichtende nukleare Konfrontation überschattet wurde. Die Psychoanalyse wurde von dem Jahrhundert, in dem sie entstand, zutiefst geprägt, und bot wiederum eine Sprache, die viele Menschen als nützlich empfanden, um im »Zeitalter der Extreme« über Politik und Gesellschaft nachzudenken.

Die 1910 gegründete Internationale Psychoanalytische Gesellschaft wurde von der Geschichte gebeutelt. Nichtsdestotrotz wuchs sie erheblich, gewann zunehmend an Einfluss, besonders (zwischen und nach den Weltkriegen) in der englischsprachigen Welt. Die Bewegung war nie eine harmonische Gruppe, und die Meinungsverschiedenheiten erwiesen sich als immer stürmischer, bis sich innerhalb von neuen Gruppierungen neue Formen der Orthodoxie etablierten, die häufig auf den Ideen der Persönlichkeiten der zweiten Generation basierten und von diesen geprägt waren.

Diese Periode von Unsicherheit und Streit, die zumindest in Großbritannien während des Zweiten Weltkriegs ihren Höhepunkt erreichte, war teilweise dem Zerbrechen von etablierten Gesellschaften und der Ankunft analytischer Flüchtlinge geschuldet, die Unterkunft und Einkommen suchten und ein (prekäres) Gleichgewicht in Frage stellten. Bis 1939 gab es die erhabene Gestalt Freuds, der in den vielen Disputen der Bewegung sowohl Beteiligter als auch Schiedsrichter war. Nach dem Tod des Gründervaters erhoben konkurrierende Instanzen Anspruch auf seinen Mantel, doch niemand hatte seinen Einfluss.

Ernest Jones, der zum frühen Kreis gehört hatte, wurde zum langjährigen Präsidenten der British Psychoanalytical Society (gegründet nach dem 1. Weltkrieg) und spielte auf der internationalen Bühne eine wichtige Rolle. Er unterstützte Klein, die eine radikale Gestalt war, der Freud und besonders seine Tochter Anna mit großem Unbehagen gegenüberstanden. Jones navigierte gekonnt zwischen den Fronten.

Andere, früher verbündete Kollegen hatten sich schon lange zuvor von der Bewegung abgewandt und sich in die Rolle der Abtrünnigen begeben oder diese von anderen zugesprochen bekommen. Alfred Adler und Jung hatten vor 1914 Freuds Kreis verlassen, um ihre eigenen Ansätze zu gründen. Adler legte seinen Schwerpunkt auf Machtdynamiken und ist berühmt dafür, den Begriff »Minderwertigkeitskomplex« geprägt zu haben. Er stand besonders dem Sozialismus wohlwollend gegenüber und war bemüht, Bedingungen einer größeren Gleichheit zu fördern; tatsächlich teilten einige derjenigen, die Freud treu blieben, diese politischen Leidenschaften. Jung, der sich besonders für Mystizismus interessierte, war zunehmend von der Idee kollektiver »Archetypen« überzeugt, die sich im Unbewussten abspielen, und empfand Freuds Betonung von Sexualität und Neurosen als zu eingeschränkt.

Aus unterschiedlichen Gründen trennten sich andere in den 1930er Jahren von Freud, so etwa Wilhelm Reich. Freud war misstrauisch gegenüber allen, die seine grundlegenden Theorien ablehnten. Reichs Fall war aber sowohl persönlich als auch politisch; sicher ist, dass Freud wenig Sympathie für seinen Wunsch hegte, Psychoanalyse und Marxismus zu vereinbaren. Die Art, wie Freud die Stellung hielt und alles beherrschte, gilt manchmal als Beweis für seinen inakzeptablen Autoritarismus; andere finden es verständlich, dass er über seine Errungenschaften wachte, um die Besonderheit der Psychoanalyse als klinische Methode und Theorie der Psyche zu bewahren.

Hitlers Herrschaft löste einen Exodus von Analytikern aus, besonders aus Berlin, Wien und Budapest. Die Analytiker zerstreuten sich, die meisten gingen nach Amerika. Viele beteiligten sich am Kampf der Alliierten gegen das Dritte Reich. Inzwischen setzten sich medienaffine Popularisierer wie Freuds Neffe Edward Bernays (ein Experte für Öffentlichkeitsarbeit und Werbung) für das Unbewusste ein, wenn auch in vereinfachter Form. In den Vereinigten Staaten wurden Ideen wie der Freud'sche Versprecher und der Ödipuskomplex von immer mehr Menschen übernommen. W.H. Auden (ein Engländer, der damals bereits auf der anderen Seite des Atlantik lebte) hatte anlässlich von Freuds Tod ein Gedicht geschrieben, das unter anderem diese Zeilen enthält: »To us he is no more a person | Now but a whole climate of opinion«. Ob das übertrieben ist, hängt davon ab, auf wen »us« sich bezieht: Fest steht, dass die Analyse sich in vielen Großstädten endgültig etabliert hatte. Von ihren frühen Stützpunkten aus verbreitete sie sich in die ganze Welt; so konnte man in Edinburgh, Jerusalem, Kalkutta, Rio de Janeiro, Melbourne, Los Angeles oder Johannesburg Behandlung finden.

Obwohl die Analyse von gebildeten und relativ wohlhabenden Menschen frequentiert wurde und weiterhin wird, ist das nur ein Teil der Wahrheit; viele Nachwuchsanalytiker in Vergangenheit und Gegenwart hatten Schwierigkeiten, das Honorar zu bezahlen oder benötigten finanzielle Unterstützung. Die »freien Kliniken« der 1920er Jahre in Berlin waren ein Ausdruck der utopischen Idee, analytische Behandlung für die »Massen« anzubieten. Die Vorstellung, dass der typische Patient oder Analytiker in der Upper West Side in New York oder in Hampstead in Nord-London residiert, ist eine Karikatur, auch wenn sie durchaus nützlich ist, um aufzuzeigen, dass Analytiker sich häufig in kleinen Gemeinden ballen und die Verfügbarkeit der Behandlung alles andere als flächendeckend ist.

Die Analyse war dennoch immer sehr viel mehr als eine private Form der Praxis; sie hat sich in öffentlichen Gesundheitsdiensten und auch in experimentellen Behandlungszentren verbreitet, die von ein paar wenigen sympathisierenden Militärpsychiatern für sogenannte Kriegszitterer oder später »Kriegsneurotiker« geleitet wurden. Das Ideal der Behandlung von großen Zahlen im Einzelgespräch erlebte im Lauf des 20. Jahrhunderts schwankende Konjunkturen. Selbst zu Zeiten ihrer höchsten Konjunktur in der Breitenkultur hat sich nur eine Minderheit der Mittelschichtangehörigen je einer kompletten Analyse unterzogen.

Nichtsdestotrotz wurden beachtlich viele Menschen ohne die Mittel für eine Standardbehandlung zu geringen Kosten oder sogar kostenlos in die Ausbildungsprogramme der großen Institute, etwa in London, aufgenommen. In einigen Regionen des Vereinigten Königreichs war es – in Zeiten des wirtschaftlichen Aufschwungs – möglich, auf Kosten des National Health Service psychoanalytische Psychotherapie zu erhalten, wenn auch gewöhnlich nur über eine strikt begrenzte Dauer. Im aktuellen Klima ist jedoch auch diese Option stark erodiert. In Deutschland hat es sich für Patienten oft als machbar erwiesen, die Sprechkur mit Unterstützung der Krankenversicherung zu erhalten.

In der Zwischen- und Nachkriegszeit blieb die Analyse eine fruchtbare Ideengeberin; Aspekte ihrer Theorie wurden zum Beispiel in experimentellen Schulen, Projekten für »jugendliche Straftäter« und in Kinderkrankenhäusern angewandt. Es war früher völlig normal, darauf zu bestehen, dass Eltern nicht bei ihren Kindern im Krankenhaus bleiben sollten, da sie »das nur aufregen würde«. Die Analytiker John Bowlby und René Spitz führten jeweils in Großbritannien und Amerika den Angriff gegen derartige veraltete Annahmen. Ein Film aus dem Jahr 1952, der von dieser Arbeit inspiriert war, *A Two-Year-Old Goes to Hospital,* demonstrierte eindringlicher als jeder trockene Bericht die Notwendigkeit von Reformen. Unterschiedliche Beobachtungsstudien enthüllten, dass Kinder, die abrupt von ihren Eltern getrennt werden, möglicherweise ihr Schicksal nicht stoisch akzeptieren, sondern vielmehr in einen Zustand der lustlosen Verzweiflung versinken.

Der analytische Fokus auf frühe Förderung und fürsorgliche Erziehung berührte in der Zeit nach 1945 eine Saite und fügte sich harmonisch in Wohlfahrtsmaßnahmen, die den Ehrgeiz hatten, Fürsorge »von der Wiege bis zur Bahre« zu bieten. Bowlbys Warnung vor den schädlichen Konsequenzen frühzeitig abgebrochener Bindungen, vor allem zwischen Säugling und Mutter, war einflussreich. Ein Zweig der Disziplin, der heute als Bindungstheorie bekannt ist, war von seiner Arbeit inspiriert. Bowlbys Angriffsziele waren unter anderem das englische System der Public-School-Internate, in die die Söhne der gesellschaftlich Privilegierten häufig im Alter von sieben Jahren von ihren Familien geschickt wurden – eine Praxis, die er aus eigener Erfahrung als schrecklich betrachtete.

Eine der wichtigsten Entwicklungen der 1940er Jahre war dank der bahnbrechenden Experimente von S.H. Foulkes, Bion und anderen die analytische Gruppenarbeit. Sie harmonierte auch mit politischen Bestrebungen, egalitärere gesellschaftliche Strukturen zu fördern, neue Formen der gesellschaftlichen Zusammenarbeit zu ermutigen und interpersonelle Unterschiede zu tolerieren. Das Aufkommen der Gruppenanalyse ging mit Projekten einher, »therapeutische Gemeinschaften« für psychisch Kranke zu schaffen, wobei die hierarchische Führung der alten psychiatrischen Anstalten abgelehnt wurde. Einige Analytiker engagierten sich aktiv für die Anwendung von

Freud'schen Methoden in internationalen Initiativen, zum Beispiel bei der Auswahl und Rekrutierung von Beamten- und Armeeangehörigen im besetzten Deutschland, was half, die gefährlichsten »autoritären Charaktere« auszusondern.

Wenn das Freud'sche Denken auch Anhänger aus dem gesamten politischen Spektrum anzog, war sein Ethos im Wesentlichen antitotalitär. Freuds Bücher wurden in Deutschland in der Folge der nationalsozialistischen Machtergreifung 1933 verbrannt. Allerdings bestand eine bizarre Version der Psychotherapie im Dritten Reich weiter. Unter dem Namen Göring-Institut huldigte ein umgemodeltes Berliner Psychotherapiezentrum Hitler und stützte sich dabei auf eine Mischung aus Rassentheorien, geistiger Hygiene und Unbewusstem. Die Psychoanalyse wurde in einigen autoritären Militärregimes im Lateinamerika der Nachkriegszeit sehr wohl toleriert. Es gab sogar einige berüchtigte Fälle von Analytikern, die mit den Sicherheitsapparaten solcher Staaten kooperierten, während andere aktiv in den Widerstand gingen.

Die Radikalität von Freuds *psychologischer* Darstellung zog nach sich, dass die Analyse manchmal als natürliche Bettgenossin der *politischen* Revolution der Linken betrachtet wurde. Doch unter den Mitläufern der psychoanalytischen Bewegung waren auch viele Liberale und Sozialdemokraten, und auch – das überrascht vielleicht mehr – einige einflussreiche neokonservative Denker in Amerika, die in Freuds »tragischer Vision des Menschen« und seinem ernüchternden

Blick auf »die Massen« eine Rechtfertigung für ihre Skepsis in Bezug auf egalitäre Veränderung sahen. In der Gegenkultur der 1960er Jahre gab es erneut Versuche (nach früheren Bemühungen von »linken Freudianern« in der Zwischenkriegszeit), eine Theorie des Unbewussten mit dem Marxismus zu verbinden.

In Stalins Russland und Maos China dagegen konnte sich die Psychoanalyse nicht durchsetzen. Ein Interesse an Freud, das Trotzki einmal gezeigt hatte, ging nach seinem Abgang in den 1920er Jahren immer mehr in den Untergrund; es setzte sich vor allem die orthodoxe Ansicht durch, dass ›der Psychoanalytiker‹ eine unverbesserlich bürgerliche Gestalt ist, die in einer kommunistischen Gesellschaft keinerlei Relevanz besitzt. In den letzten Jahren hat die Analyse in diesen Ländern wieder an Einfluss gewonnen, ebenso in einigen anderen Teilen des früheren Ostblocks.

Freud oder Marx? Autoren wie Fromm verbissen sich in diese Frage. Einige dachten, man müsse unbedingt eine absolute Entscheidung treffen, doch andere – vor allem eine Gruppe von Wissenschaftlern, die in die Vereinigten Staaten ins Exil gehen mussten und die kollektiv als die »Frankfurter Schule« bekannt sind, zu der sich Fromm eine Zeitlang zählte – entwickelten bahnbrechende Gesellschaftstheorien, die Elemente aus beiden Theorien kombinierten.

Eine häufige Behauptung von Kritikern ist, dass die Analyse dazu dient, Menschen zu entpolitisieren, sich auf individuellen Schmerz anstatt auf familiäre Dynamiken, geschweige denn soziales Unrecht zu konzentrieren. Zweifellos kann das der Fall sein, am auffälligsten, wenn der Analytiker bei der narzisstischen Phantasie eines Patienten mitspielt, dass nur das eigene Ich zählt. Allerdings muss das sicherlich nicht unbedingt so sein; denn ebenso gilt, dass die Analyse zu größerer Neugier bezüglich der *Beziehung* zwischen politischem Bekenntnis und unbewussten Wünschen einladen kann. Sie brachte etwa bedeutende Fortschritte in der genaueren Erforschung der Attraktion von rassistischen Überzeugungen. Sie kann helfen zu erkennen, wie die Politik Phantasien mobilisiert oder sich auf Projektionen stützt, auch wenn es eigentlich um materielle Kämpfe und konkurrierende gesellschaftliche Interessen geht.

Bei der Analyse geht es nicht unbedingt darum, dass Menschen sich mit dem Zustand ihres Lebens oder der Welt abfinden oder sich darin ergeben, obwohl zugegebenermaßen Schulen wie die Ich-Psychologie gelegentlich im Namen der psychischen Gesundheit zu bedingungslos eine »Anpassung« an die Gesellschaft gefördert haben. Die Analyse kann sehr wohl Patienten gerade *nicht* dazu bringen, ergebener und noch viel weniger passiv zu werden; sie kann es Menschen auch ermöglichen, sich ihrer Wut zu stellen, nach weitergehenden Lösungen für Probleme zu suchen und effizienter mit anderen zusammenzuarbeiten. Und sie kann bei Patienten auch Neugier darauf wecken, warum Veränderung so schwierig ist und welche persönlichen oder gesellschaftlichen Transformationen dennoch möglich sein könnten.

Marie Langer, eine Analytikerin und Unterstützerin des Kommunismus, die aus Österreich nach Uruguay und kurz darauf nach Argentinien geflohen war, stellte sich gegen die Auffassung, dass Analytiker sich aus der Politik heraushalten sollten. Sie kritisierte Regierungen und Analytiker, die mit diesen kollaborierten, und war in den 1970er Jahren gezwungen, Argentinien zu verlassen und nach Mexiko zu fliehen, als ihr die Verhaftung drohte. Sie unterhielt enge Verbindungen zu Befreiungsbewegungen und verurteilte den Autoritarismus, dessen Zeugin sie in mehreren südamerikanischen analytischen Instituten wurde. In einem anderen Zusammenhang, im Jahr 1987 in Großbritannien, veröffentlichte die Analytikerin und Sozialistin Hanna Segal einen einflussreichen Artikel über das nukleare Wettrüsten mit dem Titel »Silence is the real crime«. Praktiker wie sie engagierten sich prominent in der einen oder anderen politischen Richtung.

In der zweiten Hälfte des 20. Jahrhunderts verzweigten sich die analytischen Ansätze, sodass es heute sinnvoller sein kann, von *Psychoanalysen* zu sprechen und nicht ein einziges und womöglich konzeptuell einheitliches Feld zu imaginieren. Einflussreiche Interpreten und Neuerer – etwa Lacan in Frankreich, Klein, Bion und Winnicott in Großbritannien und Hartmann in Amerika – prägten dem Feld sicherlich ihren eigenen Stempel auf. Es sollte sich als zunehmend schwierig und in manchen Fällen unmöglich erweisen zu behaupten, dass diese Persönlichkeiten oder viele andere, die in Freuds Nachfolge mit Techniken experimentierten, alle »auf derselben Wellenlänge« gewesen seien. Kapitel 7 betrachtet die wichtigsten analytischen Ansätze genauer, die sich in der Nachkriegszeit besonders in Amerika, Frankreich und Großbritannien entwickelten.

KAPITEL 7

Weitere Innovationen und Kontroversen

In einem Interview von 1990 protestierte Laplanche gegen die »gesellschaftliche Anpassung des Berufs«. Er kritisierte diejenigen scharf, die der Analyse »irgendeinen vorgegebenen gesellschaftlichen Zweck« aufdrängen wollten, und argumentierte, dass die Behandlung eine »rein persönliche Frage« sei. Er lehnte die Unterscheidung zwischen klinischen und theoretischen Problemen ab und hinterfragte dabei die privilegierte Kategorie der Lehranalytiker (die von ihrer Organisation ausgewählt werden, um angehende Analytiker zu analysieren) sowie jegliche Unterstellung, das Feld selbst würde ohnehin den formalen analytischen Gesellschaften gehören.

»Das ist sehr radikal«, murmelte sein Interviewer. Ja, antwortete Laplanche, und fügte hinzu, dass er angesichts des »gesellschaftlichen Drucks, alle Formen der menschlichen Aktivität vorzugeben«, erwarte, dass ein solcher Radikalismus unterliegen werde. Laplanche hatte sich schon viele Jahre zuvor nach Unstimmigkeiten über Theorie und Technik von seinem Analytiker und Kollegen Lacan distanziert. Laplanches kämpferische Position stand allerdings im Einklang mit einer Tradition innerhalb der französischen

Analyse, die stark von Lacan beeinflusst war: Sie bestand im Kampf gegen die empfundene »Normalisierung« des Freud'schen Denkens, die Bürokratisierung von Organisationen und die Instrumentalisierung von Analytikern für die Anpassung des Subjekts an die herrschende politische Ordnung.

ICH-PSYCHOLOGIE

Eine Tradition, die im Amerika der Nachkriegszeit eine herausragende Rolle zu spielen begann, die »Ich-Psychologie«, war ein altes und offensichtliches Angriffsziel für die eben beschriebene kritische Stoßrichtung von Laplanche. Sie war ein Flügel der Bewegung, an deren Spitze Heinz Hartmann, Ernst Kris und andere standen, die in der Nachkriegszeit in den USA florierte. Unter Hartmanns Mitarbeitern war Lacans ehemaliger Analytiker Rudolph Loewenstein. Die Gruppe hatte ihren Sitz nach ihrer Flucht aus dem nationalsozialistisch besetzten Europa in New York.

Während diese Analytiker viel dazu beitrugen, den Status der Sprechkur zu konsolidieren, hatte diese Errungenschaft ihren Preis. Sicherlich sperrten sich viele, darunter Lacan, gegen ihre Vision einer Analyse, die optimale Anpassung eines »gesunden« Ich ermöglicht, die darauf angelegt ist, die Wirklichkeit korrekt zu erfassen, wenn auch ein wenig Spielraum den individuellen Zwängen, Eigenheiten und Leidenschaften gewährt wird. Lacan betrachtete die Ich-Psychologie sogar als Anpassung von Freuds Ideen an eine individualistische, optimistische Gesellschaft voller rosaroter Träume. Die Ich-Psychologie wurde auch aus der amerikanischen Analyse heraus in Frage gestellt. So etablierten viele Kliniker, die in den folgenden Jahrzehnten einflussreich wurden, etwa Heinz Kohut, Otto Kernberg, Roy Schaffer oder Stephen Mitchell, ihre Positionen im Gegensatz zu Vorstellungen, die einst von Hartmann und seiner Gruppe vertreten wurden, ebenso wie in Frankreich Lacan spätere Entwicklungen stimulierte, sowohl von Unterstützern wie von Gegnern.

In gewissem Sinne hatten die Ich-Psychologen sich an Freud orientiert, hatten aber die Tendenz, seine Darstellung zu stark zu vereinfachen, und betrachteten dabei das gut funktionierende Ich zu selbstzufrieden als das rationale Organ der Psyche; bei guter Analyse könne das Ich, so sah es zum Beispiel Hartmann, vermeintlich fast konfliktfrei und zumindest potenziell nicht durch das Unbewusste kontaminiert funktionieren. Er und die anderen Ich-Psychologen lobten auch besonders die Arbeit von Anna Freud, die 1936 ein wichtiges Buch über das Ich und seine Abwehrmechanismen vorgelegt hatte.

Die Aufgabe bestand für Hartmann (so formulierte es Schaffer) darin, die Fähigkeit des Patienten zu »rationalem Handeln und … stabilen Objektbeziehungen« und zu »leidenschaftslosem Urteilen« zu verbessern. Wenn er auch in der analytischen Theorie bewandert war, legte Hartmann sehr viel weniger Wert auf Freuds Schilderung des Ich als notwendig in sich gespalten und immer teilweise *unbewusst*. Diese unbewusste Dimension war, wie Freud meinte, offensichtlich an der Art zu erkennen, wie das Ich damit beschäftigt sein kann, unwillkommene Gedanken zu verdrängen, ohne dass der Betroffene überhaupt etwas mitbekomme.

Das Ich ist ein dehnbarer Begriff; in der Alltagssprache kann es fast als Synonym für »ich selbst« oder das grundlegende, unverfälschte Selbst stehen. Einige, darunter Lacan, sahen das anders. Freud hatte auch bereits gezeigt, wie das Ich aus einem Gemisch von Bildern, emotionalen Bindungen und Identifizierungen mit anderen geformt wird. Freuds eigene Bemerkungen beschwören konkurrierende Sichten herauf; viele andere Analytiker wurden von den amerikanischen Interpretationen des Freud'schen Denkens dazu angeregt, im Gegensatz zu Hartmann und seinem Kreis die Ansicht zu vertreten, das Ich sei der Ort, an dem wir am meisten dazu neigen, uns selbst verzerrt wahrzunehmen; das Ziel der Analyse ist diesem Argument zufolge nicht, die Illusionen des Ich zu verstärken, sondern die Konstruktionen unserer Subjektivität zu erforschen.

Kritiker beanstandeten auch, dass die Ich-Psychologie das Wesen der Arbeit mit Patienten zu stark vereinfacht darstelle und dabei dem Analytiker (um wiederum eine Anleihe bei Schaffer zu nehmen) die Rolle eines potenziell »vernünftigen objektiven Beobachters« der Sitzung zuteile, »eines Nicht-Teilnehmers im Beobachtungsfeld der klinischen Praxis«, der demzufolge »gegenüber dem, was in diesem Feld geschieht, eine absolute Haltung einnehmen« kann.

Hartmann war besonders darauf erpicht, die Analyse mit den Erkenntnissen der Biologie zu vereinbaren, und betonte das *natürliche* Bedürfnis des Organismus, sich in seine Umgebung einzupassen. Bezüglich dieser und anderer Aussagen bestand auch in seinem Kreis und unter jenen, die er beeinflusste, Uneinigkeit: ein weiterer Hinweis darauf, dass Verallgemeinerungen darüber, was ganze »Schulen« der Analyse behaupten oder glauben, recht irreführend sein können.

LACAN

Lacans Talent und Ehrgeiz innerhalb der analytischen Bewegung kündigten sich in den 1930er Jahren an und wurden nach dem Krieg ganz deutlich. Er war ein einigermaßen konventioneller analytischer Kandidat (er studierte zunächst Medizin und Psychiatrie), allerdings ungewöhnlich philosophisch bewandert, zum Beispiel in Bezug auf Hegel und Heidegger. Fasziniert vom Surrealismus, kannte Lacan viele Persönlichkeiten der Pariser Avantgarde. Angeblich war er im Jahr 1921 sogar bei einer Lesung von James Joyce in der Buchhandlung Shakespeare and Company in der französischen Hauptstadt anwesend. Lacan hatte ein besonderes Talent, das vielleicht teilweise von Joyce inspiriert war, Wörter in geistreiche und vielsagende neue Kombinationen zu beugen. Diese Fähigkeit demonstrierte im Einklang mit Freud auch, wie facettenreich Bedeutungen sind.

Lacan las Freud durch das Prisma verschiedener moderner Humanwissenschaften, etwa der strukturellen Anthropologie und der linguistischen Theorien von Saussure. Letzterer hatte eine Zeichentheorie auf Basis der Unterscheidung zwischen »Signifikant« und »Signifikat« abgesteckt. Ein Signifikant, zum Beispiel »Drohne«, kann viele Signifikate haben (etwa »männliche Biene« oder »unbemanntes Luftfahrzeug«); und natürlich haben wir alle unsere eigenen Assoziationen zu jedem dieser möglichen Signifikate.

Auch das Begehren, so behauptete Lacan in seinem eigenen gelehrsamen und aufregenden Stil, ist immer *exzessiv*, kann niemals auf das vordergründige Ding, das wir wollen, festgelegt oder darauf begrenzt werden. Selbst wenn Forderungen artikuliert und manchmal erfüllt werden, entgleitet das Begehren – jenseits jeder möglichen, vollständigen Befriedigung. Wir mögen uns dennoch nach einer letzten Auflösung unseres Begehrens oder nach Erfüllung sehnen. Lacan beschrieb mehrfach, wie wir in unsere eigenen Bilder, in eine dyadische Bindung an die Mutter eingebunden sind, gefangen in einem Spiegelkabinett, das vielleicht träumerische Visionen von Vereinigung umfasst, einen Zustand, dem er ausführliche Aufmerksamkeit schenkte und als »das Imaginäre« bezeichnete.

Doch sein Werk war ein bewegliches Ziel. So etablierte er etwa den Gegensatz zwischen den psychischen Ordnungen, die er mit »das Imaginäre«, »das

Symbolische« (das gemeinsame Reich von Sprache und Gesetz, das, wie wir in Kapitel 4 gesehen haben, entscheidend durch die väterliche Figur eingeführt wird, die in die Zweierbeziehung zwischen Säugling und Mutter einbricht) und »das Reale« benannte. Doch kaum hatte er das getan, verkomplizierte er diese Darstellung und zeigte damit, wie sehr diese Begriffe sich gegenseitig überschnitten und untrennbar miteinander verknüpft waren.

Lacan zufolge existieren wir in einem Zustand des Mangels und sind in Sprachen gefangen, die nie ursprünglich von uns gemacht wurden – Subjekte innerhalb einer endlosen »Bedeutungskette«, die bereits da ist, bevor wir geboren werden, und bestehen bleibt, wenn wir sterben. Wörter führen immer zu weiteren Wörtern, wie zu sehen ist, wenn man sie in einem Wörterbuch nachschlägt. Und dennoch, so Lacan, suchen wir weiter nach dem Zentrum und dem letzten Wort, sind vielleicht auf der Suche nach einer Art Zauberer von Oz – einer angenommenen Autorität, oder dem, was Lacan als »Subjekt, dem Wissen unterstellt wird«, bezeichnete.

Doch weder die essentiellen Brüche in unserem Sein noch der endlose Kreislauf des Begehrens können je wirklich abgeschlossen werden. Lacan zeigte, wie das Begehren einer bestimmten Person mit dem einer anderen interagiert und dieses tatsächlich erfordert: So begehren wir, das Begehren des anderen aufzufinden, und suchen zum Beispiel danach, was es ist, das ein Elternteil, eine geliebte Person, ein Kind oder ein

Analytiker wirklich in uns sucht, ebenso wie diese anderen das mit ihren anderen tun, ad infinitum. Wir sind Wesen, die nicht nur danach streben, vom anderen Anerkennung oder Befriedigung zu erlangen, sondern auch letztlich herauszufinden, was von uns erwartet wird.

Der Patient, erkannte Lacan, wendet sich oft an den Analytiker, um eine begehrte »imaginäre« Form der Unterstützung zu finden, so, als würde diese uns spiegeln oder vervollständigen. Er bemerkte, wie Patienten etwa fordern, dass der Analytiker das allwissende Subjekt ist und die Risse ausfüllt. Doch die Rolle des Analytikers besteht darin, das Subjekt mit seinem Begehren zu konfrontieren, und nicht darin, es fälschlich zu bestätigen. Analytiker, die Lacan folgen, haben immer das Ziel, die Fähigkeit von Patienten zum freien Assoziieren anzuspornen, anstatt illusorische Wünsche zu »befriedigen«. Das ist kein Monopol von lacanianischen Praktikern, doch sie betonen den rätselhaften und unnachgiebigen Aspekt der Rolle von Analytikern besonders.

Lacan legte einen markanten neuen Blick auf die Dilemmata des Menschseins vor, und mit seinen grandiosen Behauptungen wurde er zu einer wichtigen Gestalt, mit der man sich auseinandersetzen musste; so zog er nicht nur kritische Reaktionen von anderen Analytikern auf sich, sondern auch von philosophischen Größen wie Jacques Derrida. Etliche einflussreiche Autorinnen, die sich mit Sexualität, Gender und dem psychischen Leben von Frauen auseinandergesetzt haben, etwa Luce Irrigaray und Julia Kristeva, fanden in Lacan ebenfalls einen unumgänglichen Referenzpunkt, auch wenn sie letztlich einige seiner Behauptungen in Frage stellten. Tatsächlich ist keiner der wichtigsten Autoren, die im psychoanalytischen Feld in Frankreich bekannt wurden, wie etwa Laplanche oder André Green, ohne Bezug auf Lacan zu verstehen.

Der frühe und heute sehr berühmte Artikel über das »Spiegelstadium« aus dem Jahr 1936 war nur die erste von Lacans vielen wichtigen Interventionen, worin er unterbreitete, dass das Ich auf höchst sonderbare Art und Weise durch unsere Beziehung zu unseren eigenen Bildern konstituiert wird. Er zeigte immer wieder, wie wir das Spiegelbild sehen und uns, angefeuert von einem anderen Zuseher, am offensichtlichsten der Mutter, damit identifizieren können. Er machte auf diese kritische Führungsrolle eines anderen in der Konstitution unseres Ichs aufmerksam: zum Beispiel der Elternteil, der aufgeregt sagt: »Schau, das bist du!«, während der Kleine in den Spiegel schaut und freudestrahlend beginnt, seinen zuvor unkoordinierten Körper und Geist als eine Art in sich geschlossene Einheit zu betrachten.

Lacans Ideen verzweigten sich und lösten einige Verwirrung aus, was angesichts ihrer oft teuflisch komplexen Formulierung nicht überrascht. Manche kamen zu dem Schluss, dass seine wortreichen Diskurse Perlen der Weisheit ebenso enthalten wie einigen Mist. Andere wurden zu begeisterten Verehrern oder lehnten ihn im Gegenteil als provokanten Scharlatan ab. Sein Einfluss stammte zu einem guten Teil aus seinen mündlichen Vorträgen. In seiner Verherrlichung lag angesichts seiner Betonung der Illusion der Meisterschaft einige Ironie, doch für manche steigerten seine diesbezüglichen Erklärungen seine Anziehungskraft nur. Große Massen strömten zu seinen Seminaren, die er seit den 1950er Jahren hielt. Lacan betrachtete mit Argwohn, wie psychoanalytische Ideen in schriftlicher Form erstarren können, und hatte eine bemerkenswerte Improvisationsgabe, obwohl der Großteil seines Werks heute auch publiziert ist. Sein Denken beeinflusst weiterhin eine Vielzahl von klinischen Gruppen und geisteswissenschaftlichen Instituten an Universitäten auf der ganzen Welt. In jüngerer Zeit hat es durch den überaus produktiven Kulturkritiker, politischen Aktivisten und Philosophen Slavoj Žižek wieder große Berühmtheit erlangt.

Žižek betont besonders »das Reale«, ein Konzept, das Lacan zuerst in den 1930er Jahren zur Diskussion stellte und nach dem Krieg weiterentwickelte. Im deutlichen Unterschied zu Freuds Beschreibung des »Realitätsprinzips« meinte Lacan das, was außerhalb des Symbolischen fällt – jenseits jeder Sprache, jeden Gesetzes, jeder Repräsentation; eine Präsenz, die wir in bestimmten traumatischen Augenblicken flüchtig erhaschen mögen, wenn symbolische Systeme zusammenbrechen oder sich auflösen. Zum Beispiel hatten manche Menschen angesichts des Einsturzes der Twin Towers am 11. September den Eindruck, *alles* würde zusammenbrechen, als wäre dieses Ereignis ein Schrecken, der alle anderen überragt.

Lacans »Reales« verweist auf etwas potenziell Erschreckendes jenseits des Verstehbaren: »Das Reale ist dasjenige, dessen Symbolisierung unmöglich ist«, schrieb er. Žižek versuchte es durch Horrorfilme abzubilden, in denen wir »den primitiven Abgrund erahnen, der alles verschluckt«, »alle Identitäten auflöst«. Er verwies auf *Alien* unter der Regie von Ridley Scott, das im fernen Weltall spielt, und schlägt vor, dass der Film einen momentan unverständlichen »realen« Augenblick inszeniert, in dem wir als Publikum und sogar die Anwesenden im Film entsetzt zusehen, wie eine monströse, lebendige Kreatur aus der Brust eines sich windenden Mannes hervorbricht. Die Legende besagt, dass den anderen Schauspielern nicht gesagt wurde, was passieren würde, um ihre Verblüffung umso besser einfangen zu können. Darin liegt ein Paradox, wie Žižek sehr wohl weiß: Sobald das »Reale« vorgestellt, zum Beispiel *in* einem filmischen Moment eingefangen wird, verschwindet es, steht es nicht länger außerhalb der Repräsentation. Es ist schwer, »das Reale« als etwas wirklich Ungreifbares abzubilden, ohne es gleichzeitig zu beseitigen. Doch es gibt, wie er es ausdrückt, bestimmte Bilder, die »versuchen, die Vorstellung bis an die Grenze des Unrepräsentierbaren auszudehnen«.

Auch Klein sollte Bewunderer um sich scharen, aber auch vielfach dafür kritisiert werden, vom »korrekten« Freud'schen Pfad abzuweichen. Allerdings sah sie selbst ihre Theorien als loyale Weiterentwicklung von Freuds Werk. Obwohl ihre Arbeit manchmal an den Pranger gestellt oder ignoriert wurde (sie setzte sich zum Beispiel in den USA lange Zeit nicht durch), hatte Klein großen Einfluss auf ihre Kollegen in Großbritannien und später auch international.

Klein wurde in Wien geboren und lebte in Budapest und Berlin, bevor sie sich in den 1920er Jahren auf Dauer in London niederließ. Dort wurde sie teilweise mit Herablassung behandelt (sie wurde als zu schrill oder als etwas linkisch empfunden), während andererseits ihr Mut und ihre Klarheit Bewunderung erweckten. Unter anderem begegneten ihr auch mehrere Mitglieder der berühmten »Bloomsbury Group«, zu der Virginia und Leonard Woolf und der Analytiker James Strachey zählten (der selbst wichtige analytische Beiträge verfasste), und kommentierten ihre Arbeit und ihren Charakter.

Klein hatte nicht Freuds große schriftstellerische Begabung, legte aber richtungweisende Aufsätze und Bücher vor, die ihre tiefgründige, bahnbrechende Arbeit mit Kindern dokumentieren und mehrere bemerkenswerte neue Begrifflichkeiten für ein Verständnis der Psyche vorlegten. Mit der Ankunft verschiedener Exilanten aus dem nationalsozialistisch besetzten Europa im folgenden Jahrzehnt, darunter auch Sigmund und Anna Freud im Jahr 1938, sah sich die British Psychoanalytical Society einer sich zunehmend verschärfenden Spaltung gegenüber. Eine der erbittertsten und letztlich unversöhnlichen Kritiken an Klein war jene von Melitta Schmideberg, ihrer Tochter, die selbst Analytikerin war. Sie versöhnten sich nie.

Unterschiedliche Ansichten, denen heftige Persönlichkeitskonflikte zugrundelagen, kulminierten während des Zweiten Weltkriegs in den später als »Kontroversen« bekannt gewordenen Diskussionen in der British Psychoanalytical Society. Kleins Arbeit war ein wichtiger Faktor in diesen Polemiken in Bezug auf Theorie, Technik und Lehre. Eine ihrer mächtigsten Gegnerinnen war Anna Freud, die der Meinung war, dass Klein sich zu sehr von den Ideen ihres Vaters und ihren eigenen entfernt hatte. Dennoch wurde schließlich ein Kompromiss erreicht – ein sogenanntes »Gentleman's Agreement«, sich die Rechtstitel, das Ausbildungsprogramm und die künftige Leitung der Society zu teilen.

Beide Frauen behandelten Kinder, sie hatten jedoch erstaunlich unterschiedliche Vorstellungen, wie diese Arbeit durchzuführen sei. Wie wir bereits in Kapitel 1 gesehen haben, bekamen Kinder Spielzeug, um den freien Ausdruck zu ermöglichen. Der Analytiker beobachtete genau, wie das Kind mit den angebotenen »kleinen hölzernen Männchen und Frauchen, Wagen, Autos, Zügen, Tieren, Bausteinen und Häusern«

spielte oder Papier, Schere und Stifte benutzte, und deutete daraufhin.

Einige Kritiker meinten, dass Klein zu viel in das Material hineininterpretiere oder ihren kleinen Patienten gegenüber sogar erkläre, sie habe *in ihnen* genau das gefunden, was sie gesucht habe. Doch sie blieb unbeeindruckt und illustrierte weiterhin infantile Beschäftigungen mit Sexualität und Urszene ebenso wie aggressive und destruktive Zustände. Sie zeigte, wie die Stimmung ihrer Patienten zwischen Anbetung, Abscheu und Angst vor der bösartigsten Vergeltung schwanken kann; und sie beschrieb, wie sie alle möglicherweise auch versuchen, Wiedergutmachung zu leisten und ein »gutes Objekt« wiederherzustellen, das in ihrer Psyche kurzfristig verloren gegangen oder zerbrochen ist.

Klein lehnte Anna Freuds Ansicht ab, dass der Analytiker auch »erzieherische« Ziele benötigen könnte, besonders zu Anfang. Anna Freud dachte auch, dass der Faktor der Übertragung in der Kinderanalyse möglicherweise weniger offensichtlich ist als mit erwachsenen Patienten, da ihre vorherrschende, lebendige Beziehung diejenige zu den Eltern ist. Klein versuchte, im Kind seine tiefsten Ängste zu identifizieren und offen mit ihm darüber zu sprechen, wenn sie diese finden konnte. Eine so freimütige Deutung, so glaubte sie, bot eine wirkungsvollere Unterstützung als konventionelle Trostworte. In Kleins Schriften wird sichtbar, wie beharrlich sie die Aufgabe anging, die unverarbeiteten und beängstigenden Gefühle von

Liebe, Hass, Neid, Einsamkeit oder hilfloser Angst zu untersuchen. Einige ihrer späteren Anhänger, etwa Betty Joseph, verfolgten die Idee einer Situation der »totalen Übertragung« noch detaillierter und zogen dabei in Betracht, wie *alles* Gesagte und *jede* Handlung (jede spezifische Reaktion eines Patienten auf eine Deutung zum Beispiel) benutzt werden können, um mögliche unbewusste Bedeutungen zu erkunden.

Im Zentrum der analytischen Ermittlung stand für Klein immer die konstant *relationale* Dimension der Psyche. Ebenso wie Patient und Analytiker interagieren, bezieht sich auch das Ich auf sich selbst und andere. Das Schlüsselwort für sie war hier »Objekte«. Wieder einmal kam die Inspiration von Freud: In den 1910er und 1920er Jahren hatte er dem ständigen Verkehr innerhalb der Psyche vermehrt Aufmerksamkeit geschenkt – zwischen dem Ich und der Psyche selbst und zwischen dem Ich und anderen Kräften. Er hatte gezeigt, wie das Ich in einen Subjekt- und einen Objektteil gespalten sein kann. So sind wir etwa in narzisstischen Zuständen in einen Betrachter und einen Betrachteten gespalten und können bewundernd vor dem eigenen Spiegelbild verharren.

Klein und andere, wie etwa ein Kollege in Schottland namens Ronald Fairbairn, nahmen diese entscheidende Beziehungsidee auf und untersuchten die Art, wie wir unser Ich und unterschiedliche Arten von inneren Objekten quälen, mit ihnen kämpfen und Frieden schließen können. Sie gingen davon aus, dass wir von der frühesten Kindheit an in emotional geladenen und folgenreichen inneren und äußeren Beziehungen aufgehen. Klein ging noch weiter und wies darauf hin, wie der (erwachsene oder kindliche) Patient in der Phantasie mit Elementen einer Person umgehen kann, als wären es selbst lebendige Wesen: Brustwarze, Vagina, Penis, Bauch, Mund oder Anus können selbst als lebendig und »denkend« wahrgenommen werden – als aus sich heraus begehrend, strafend, kontrollierend, vorenthaltend, quälend, heilend oder liebend.

Im Jahr 1926 schrieb Klein: »In sehr frühem Alter begegnen Kinder der Realität über die Entbehrungen, die sie ihnen auferlegt. Sie wehren sich gegen diese Realität, indem sie diese ableugnen.« Doch grundlegend dabei, das Kriterium der Fähigkeit zu einem erfolgreichen Umgang mit der Realität, ist der Grad, zu dem »sie fähig sind, die Entbehrungen zu tolerieren, die aus der ödipalen Situation entstehen.« Sie verschob den Zeithorizont des Ödipuskomplexes in die ersten beiden Lebensjahre und verband diesen Kampf mit einem Konzept, das sie die »depressive Position« nannte.

Wie Klein 1935 erklärte, ist die depressive Position von der gesteigerten Fähigkeit von Menschen gekennzeichnet, Dinge zu kombinieren, gemischte Gefühle gegenüber dem Selbst und anderen auszuhalten, und Ausschluss und Verlust zu ertragen. In der depressiven Position sind wir besser fähig, den Schaden, den wir in unserer Phantasie (und manchmal in Wirklichkeit) verursachen, zu betrauern und zu erkennen, dass wir nicht wirklich allmächtig andere kontrollieren oder wiederherstellen können. Wir sind, und das ist entscheidend, hier um das Objekt *besorgt*. In diesem Zustand haben wir den Wunsch, unsere destruktiven Impulse und Auswirklungen zu reparieren und sind uns unserer Schuld und Grenzen stärker bewusst. Hier ist anzumerken, dass sie mit depressiver Position nicht dasselbe wie »Melancholie« meinte; dennoch ist es durchaus möglich, dass wir in diesem Zustand einen Anflug (oder mehr) von Traurigkeit empfinden und mit einer Trauerarbeit konfrontiert sind.

Klein sprach von »Positionen«, nicht von »Phasen«. Wir schwanken zwischen dieser integrierteren (»depressiven«) Position und einem anderen psychischen Zustand, der offensichtlicher von paranoiden Ängsten vor einem Angriff auf uns und einem Spaltungsprozess geprägt ist. In diesem Zustand, der mit den frühesten, am wenigsten integrierten Emotionen assoziiert wird, gilt die beherrschende Angst dem Überleben, und wir schützen unsere fragile Psyche durch Mechanismen, um das, was als »gut« oder »böse« erscheint, völlig getrennt zu halten. Sie nannte diese fragmentierte und bedrängte Sachlage die paranoid-schizoide Position und betrachtete das Erreichen der depressiven Position als eine entscheidende Entwicklungsleistung, die wiederholt erreicht, verloren und erneut erobert wird. Dieses Schwanken wird deutlich, wenn wir in bedrängtere, verzweifeltere und fragmentiertere Zustände zurückgeworfen werden, etwa in Zeiten von Verletzlichkeit und Stress.

Jede der Hauptfiguren, die in diesem Kapitel diskutiert werden, war sowohl eine Inspiration für andere als auch ein Katalysator für Diskussionen und neue Ansätze. Das galt ganz eindeutig auch für den englischen Kinderarzt und Analytiker Winnicott, der Klein bewunderte aber auch kritisierte, wobei er in einem bemerkenswert zugänglichen Stil einen originellen Gedankengang verfolgte.

Sein Schwerpunkt lag stärker auf den realen Eltern und ihrer Rolle in der psychischen Entwicklung des Kleinkinds. Winnicott beobachtete viele Mütter und Babys aus der Nähe und baute seine Beobachtungen in eine Arbeitstheorie ein. Berühmt ist sein Postulat, dass eine »ausreichend gute Mutter« diejenige ist, die eine Zeitlang mit einer besonders feinen Sensibilität funktioniert, sich aber nicht als perfekt betrachtet, ja, die das Kleinkind notwendigerweise desillusionieren muss. Sie kann Schritt für Schritt loslassen. Er meinte, die Fähigkeit zum feinen Einstimmen sei bei den meisten Müttern recht spontan in den letzten Phasen der Schwangerschaft und in den ersten Wochen oder Monaten nach der Geburt besonders deutlich. Er nannte diesen Zustand »primäre Mütterlichkeit«. Wir benötigen diese Fürsorge, um zu gedeihen und genügend Identität zu sammeln, um ein echter Mensch, um wirklich psychisch lebendig zu werden.

In einer »ausreichend guten« Erfahrung beginnt die Mutter schrittweise, ihren Körper und Geist wieder zurückzugewinnen und dem Kind Raum zu geben, sich von ihr wegzubewegen; Mutter und Baby bleiben nicht unbegrenzt aneinander kleben und der Säugling findet unterschiedliche Mittel, sich aus dieser Dyade herauszubewegen, zum Beispiel über stark emotional aufgeladenes Spielzeug oder einen beruhigenden Schal der Mutter, der vielleicht noch ein wenig nach ihr riecht. Winnicott bezeichnete solche geliebten Besitztümer als »Übergangsobjekte«.

Winnicott beschäftigte sich viel mit der Rolle des Spiels in der frühen Kindheit und auch darüber hinaus. Auch das baute auf der Arbeit von Freud auf, der in *Jenseits des Lustprinzips* eine bemerkenswerte Beschreibung vom Versuch eines Kleinkinds geliefert hatte, über ein Spiel die Abwesenheit seiner Mutter zu bewältigen. Freud hatte den kleinen Jungen, seinen Enkel, dabei beobachtet, wie er immer wieder eine Garnspule wegwarf und wieder einsammelte. Freud betrachtete die Garnspule als Symbol für die abwesende Mutter, da er beobachtete, dass das Spiel unmittelbar auf ihren Aufbruch folgte. Wenn das dem Kind auch ermöglichte, eine Begebenheit, die er in Wirklichkeit nicht beeinflussen konnte, zu erfassen und ihm sogar ein Machtgefühl verlieh, fiel Freud dennoch auf, wie beharrlich er immer wieder den Verlust inszenierte.

Zu große Entbehrungen – zum Beispiel ein langfristiges Fehlen liebevoller Pflege – und andere gewalttätige Einschnitte in die frühe Erfahrung können ein Kleinkind dazu bringen, sich der Umgebung durch ein

»falsches Selbst« anzupassen, meinte Winnicott. Er erkannte es als unausweichlich, dass Mütter manchmal ihren Babys und Kindern gegenüber neben Liebe auch Hass empfinden; das sei immer eine Frage des Grades und der Dauer. Er zeigte, inwiefern zu starke Entbehrungen oder zu großer Druck, sich der Pflegeperson zu fügen, für das fragile frühe Selbst verhängnisvoll sein können. Es sei völlig sinnlos, über ein Kind (oder überhaupt irgendjemanden) als eigenständiges, unabhängiges Individuum zu sprechen. Seine Beschreibungen von Babys, ihren Eltern und dessen, warum all diese frühen Interaktionen für die spätere psychische Gesundheit so wichtig sind, fanden in seinen populären Büchern und in BBC-Radiosendungen weite Verbreitung.

Während manche Kritiker meinten, Freud hätte sich zu sehr auf die väterliche Funktion konzentriert, beschuldigten andere Winnicott und Bowlby, den prägenden Einfluss (und die Verantwortung) der Mutter und ihrer Umgebung zu stark zu betonen. Die Bedeutung dieses »fördernden«, besonders mütterlichen Umfelds implizierte nicht unbedingt, dass es von Frauen fahrlässig sei, außer Haus zu arbeiten, doch viele fühlten sich durch derartige Botschaften ebenso erdrückt wie befreit. Sicher ist, dass die Einsichten dieses Analytikers ebenso fortschrittlich wie reaktionär gedeutet werden können.

Bion, ein wichtiger Theoretiker, Analytiker, Lehrer und Autor, war von Klein ebenso wie von Freud inspiriert und wurde zu einer einflussreichen Gestalt. Er lehrte in Großbritannien und später auf dem Kontinent und in Amerika (er emigrierte in seinem späteren Leben von London nach Los Angeles). Bions Schriften decken eine große Bandbreite ab und bieten faszinierende Reflexionen über sein eigenes frühes Leben, darunter seine Erfahrungen als Panzerkommandant in der Armee im Ersten Weltkrieg. Als Supervisor und Lehrer war er für seine knappen Formulierungen und markigen Kommentare bekannt – bei einer Gelegenheit soll er einem übermäßig selbstsicheren Kollegen gegenüber, der in einem Seminar seine Arbeit präsentierte, gemeint haben: »Ich glaube, der Patient versucht Ihnen zu sagen, dass er Sie für einen verdammten Idioten hält.«

Bion legte auch denkwürdige klinische Beschreibungen vor, vor allem über die Arbeit mit psychotischen Patienten. Er schrieb über einen Mann, der jede Geste seines Analytikers zu spiegeln schien, bevor er sich auf die Couch legte, »als wären sie beide Teile desselben Aufziehspielzeugs«. Dieser Patient schien zu halluzinieren, während er dalag, sah zu Boden, schauderte dann kaum merklich. Durch das minutiöse Aufzeichnen solcher Gesten vermittelte Bion dem Leser ein lebendiges Gefühl für die Atmosphäre und die Leere, Angst und Handlungsunfähigkeit des Patienten. Bion notierte auch, wie der Patient seine Augen einsetzte, als wären sie verschlingende und ausscheidende Organe anstatt eines Sehwerkzeugs. Seine besondere Aufmerksamkeit galt den vielfältigen Bedeutungen, die (wie er es ausdrückte) »Wahrnehmungsverben« für uns alle haben, aber vor allem für psychotische Menschen, und es gelang ihm, mit schwerkranken Patienten darüber zu sprechen, wie das Sehen und andere Sinne auf höchst bizarre Art erlebt werden können.

Bion beschrieb, dass verstörte Patienten die Gegenstände im Sprechzimmer als Zusammenstellung von extrem feindlichen Elementen erleben können. Derartige Objekte, die einem Außenstehenden möglicherweise völlig harmlos erscheinen, enthalten die extrudierten Inhalte der eigenen Psyche des Patienten, die zuerst zertrümmert und dann ausgeleert wird. Die erste Aufgabe des Analytikers ist hier, wie Bion uns zeigen will, keine Vorannahmen zu treffen und so ein korrektes, genaues Gefühl dafür zu bekommen, was der jeweilige Patient wirklich »sieht« oder »hört«, egal wie verrückt es ist. Eine von Bions vielen denkwürdigen Bemerkungen war der Vorschlag, dass Analytiker versuchen sollten, sich der Sitzung ohne »Erinnerung und Begehren« anzunähern.

Bion interessierte sich besonders dafür, was mit Denken gemeint ist und welche Funktion es erfüllt. Ein Denkprozess, so argumentierte er, taucht auf (oder auch manchmal nicht), um mit Gedanken zurechtzukommen. Diese können schließlich machtvoll wie innere Geschoße aufbrechen – explosiv, unerwartet und potenziell unerträglich, in der Kindheit wie im ganzen Leben – also brauchen wir eine Möglichkeit, sie zu verkraften und zu beherrschen, und manchmal versuchen wir alle verzweifelt, sie loszuwerden.

Bion war auch ein Pionier der Gruppenarbeit. Er war ebenso empfänglich dafür, wie Individuen und Gruppen mit auftauchenden peinlichen und unwillkommenen Informationen umgehen, sie vermeiden oder völlig ignorieren, komplexere konzeptuelle Strukturen aufbauen oder genau die Möglichkeit angreifen, Gedanken überhaupt zu verbinden. Er fragte sich, was uns, einzeln oder *en masse,* dazu befähigt, Erfahrungen zu verarbeiten und daraus zu lernen, oder immer betäubter oder auch aufgepeitscht, schrill und der Realität gegenüber blind zu werden.

Seine Schilderung dessen, was er die »Arbeitsgruppe« nannte, die sich auf kreatives und (manchmal) schmerzhaftes Denken einlässt, richtet sich gegen eine frühere Massenpsychologie, die annahm, dass Anhäufungen von Menschen beinahe zwangsläufig in »primitive« und gewalttätige Zustände abgleiten müssen. Er unterschied »Arbeitsgruppen« von »Grundannahmegruppen«; letztere sind von mächtigen ungeprüften (unbewussten) Glaubensvorstellungen beherrscht. Allein oder gemeinsam ist unsere Fähigkeit, zu denken und Gedanken und Gefühle zu regulieren, eine prekäre psychische Leistung.

Bion theoretisierte wie Winnicott die Funktion der Mutter/Pflegeperson in der Unterstützung und nachhaltigen Förderung psychischen Wachstums, und beschrieb dabei die lebenslange Bedeutung einer Psyche für die andere. Er schrieb von der Wichtigkeit des »Gefäßes« (*container*) und erforschte die Funktion, die die Psyche des anderen vor allem für diejenige des Kleinkindes besitzt. Gefühle werden über die einfassende (*containing*) Funktion der primären Pflegeperson leichter ertragbar und dem Verstehen zugänglicher. Wenn alles gut geht, wird diese langsam internalisiert, sodass wir (bis zu einem gewissen Grad) Augenblicke der Frustration, der Enttäuschung, oder sogar blinde Wut »in Grenzen halten« (*contain*) und »verdauen« können.

Bion bediente sich sehr ausführlich einer Idee von Klein, der sogenannten »projektiven Identifizierung«. Sie bezeichnet einen Mechanismus, den wir alle zu einem gewissen Grad unbewusst einsetzen, um zu versuchen, eigene Eigenschaften (Gefühle, Fähigkeiten) in die Psyche von jemand anders auszuwerfen, damit dieser andere ein wenig von unserer eigenen Färbung annimmt. Während dieser Prozess uns von etwas Unerträglichem befreien kann, kann er Bion zufolge auch dazu dienen, unbewusst zu kommunizieren, wie es sich im Inneren anfühlt, und damit einen anderen befähigen, diesen Zustand zu registrieren und hilfreich zu reagieren.

Gute wie auch schlechte Dinge können anderen »eingepfropft« werden. Ich kann mir zum Beispiel wünschen, eine üble Stimmung loszuwerden und einer anderen Person anzuhängen, die dann einen Teil von »mir« trägt. Wenn das erfolgreich ist, geht jemand anderem meine Irritation oder Wut unter die Haut (einem Elternteil oder einem Analytiker zum Beispiel). Danach fühle ich mich vielleicht ein bisschen besser, wenn auch ausgehöhlt; es ist genauso möglich, unbewusst zu denken, dass der andere »Zustände hat«, wenn er in Wirklichkeit nicht besonders verstört ist. Eine Mutter kann etwa von einem Baby zur Verzweiflung getrieben werden, genauso wie ein Analytiker manchmal durch Patienten, aber eine Mutter kann auch den verzweifelten Versuch des Babys einfassen, seine Gefühle auszutreiben, ohne selbst überwältigt zu werden.

Bions Beschreibung psychischer Mechanismen hat sich wie diejenige von Winnicott als enorm fruchtbar dafür erwiesen, Mutter-Kleinkind-Interaktionen als Prototypen aller anderen zu denken und einen Widerhall dieser unbearbeiteten Zustände und Eingrenzungsfunktionen in der klinischen Arbeit zu identifizieren. Er sah die Mutter als entscheidendes psychisches Behältnis; sie hilft, indem sie die schwierigsten Gefühle ihres Babys aufnimmt, verdaut, verändert und auf eine Art und Weise reagiert, die benutzt werden kann, um mit einer sonst unerträglichen Stimmung zurechtzukommen, und dann dem Baby durch weitere Interaktion etwas zurückgibt.

Während also diese psychoanalytischen Autoren unterschiedliche Stränge verfolgten, gab es auch gewisse Affinitäten. Lacan und Klein beschäftigten sich, wenn auch auf recht unterschiedliche Weise, mit den verstörendsten und innovativsten Aspekten von Freuds Ideen über das Unbewusste. Wie Winnicott betonte Bion die zentrale Rolle einer empfänglichen und eingestimmten Pflegeperson im psychischen Leben und untersuchte, wie wir die unzähligen Gedanken und Gefühle verarbeiten, die in unserer Psyche aufeinanderprallen (oder auch daran scheitern). Beide sprachen von bestimmten überwältigenden psychischen Erlebnissen, die schrecklichen Stürzen ins Leere oder namenlosem Grauen nahekommen.

Winnicott teilte mit Lacan eine besondere Faszination für die Bedeutungen des Spiegelns. Lacan und Bion fühlten sich beide, mit allen Vor- und Nachteilen, von der Ökonomie algebraischer Formeln angezogen. Bion beschrieb den Willen zum Wissen als »K«. Dabei baute er auf Klein auf, die von einem instinktiven Begehren sprach, zu wissen und zu erforschen, das sie als epistemophilen Impuls bezeichnete. Bion war nicht weniger an den inneren Kräften interessiert, die diesen Impuls sabotieren und vernichten können und dabei gerade jene Werkzeuge der Psyche und der psychischen Verbindungen auflösen, die es ermöglichen, »K« zu folgen. Diese Kraft nannte er schlicht »Minus K«. Hier besteht auch eine Parallele zu Lacan, der eine gewisse menschliche Leidenschaft für die Unwissenheit postulierte.

DENKSCHULEN

Unterschiedliche Zugänge innerhalb der Psychoanalyse verdanken vieles einzelnen Klinikern wie den bereits beschriebenen. Sie spiegeln auch breitere Unterschiede in nationalen Kulturen und Denken wider, wie in den unterschiedlichen Mikro-Geschichten der Bewegung zu sehen ist, die von Argentinien bis Australien, von Indien bis Italien und von Großbritannien bis Russland oder Frankreich und die Vereinigten Staaten verfasst wurden.

Die nationalen Kontexte unterscheiden sich jeweils deutlich und es gab auch deutliche Variationen in Bezug auf Ausbildung und Technik, trotz Versuchen in der Vergangenheit, die Verfahren zu standardisieren. Viele französische Analytiker, deren Praxis von Lacan geprägt ist, denken über ihre britischen Kollegen (von denen viele eher durch Klein beeinflusst sind) tendenziell, dass diese dazu neigen, übermäßig zu unterbrechen, ihre Deutungen zu übertreiben und zu emphatisch zu sein. Diese wiederum fragen sich sehr wahrscheinlich, warum ihre Kollegen jenseits des Ärmelkanals gar so zurückhaltend und zweideutig sind, und vertreten ihrerseits den Standpunkt, dass es besser ist, klar seine Meinung zu äußern und weniger theoretisch und dafür »empirischer« zu sein. Es ist allerdings nur allzu einfach, psychoanalytische Kulturen, Nationen und Schulen zu karikieren! Viele dieser Unterscheidungen und Dispute sind ebenso *innerhalb* bestimmter analytischer Organisationen oder sogar

Gruppierungen aufgebrochen wie sie auch internationale Antagonismen markiert haben.

In den Vereinigten Staaten gab es in letzter Zeit einen Schwung an Arbeiten, die sich mit dem wechselseitigen Wesen des analytischen Verfahrens beschäftigen. Einige einflussreiche Kliniker, etwa der verstorbene Stephen Mitchell, erforschten Konzepte wie »Intersubjektivität«, die selbst heute noch Katalysatoren für mehrere Denkschulen sind. Derartige Arbeiten zeigen, wie breit das Spektrum an Ansichten darüber ist, was und wie viel der Analytiker nutzbringend sagen und was er absichtlich ebenso wie unabsichtlich gegenüber dem Patienten enthüllen soll.

Meiner Ansicht nach ist es entscheidend, dass die analytische Haltung mit einer Erforschung von menschlicher Interaktion einhergeht, sie erfordert jedoch auch die Art von »Abstinenz«, die ich in Kapitel 6 beschreibe. Sie ist kein Schweigen wie bei einem trappistischen Mönch und erhebt auch keinen Anspruch auf einen Zustand der Unpersönlichkeit oder darauf, die ultimative Neutralität zu erreichen, noch weniger einen Zustand der gelassenen Objektivität.

Aber für den Analytiker reicht es nicht aus, einfach den analytischen Raum zu schaffen und sich dann zurückzuziehen, noch ist es für ihn angemessen, redselig zu »dramatisieren«. Sich darauf einzulassen, was als »gegenseitige Analyse« bezeichnet wurde, ist höchst problematisch. Dieser besondere Ansatz hat mehrere Quellen, kann aber auf Experimente unter Freuds frühen Anhängern zurückgeführt werden, wie

Patienten am besten geholfen werden kann, die vor allem Ferenczi in der Zwischenkriegszeit initiierte. Wie wir bereits gesehen haben, hatte er zunehmend Zweifel daran, dass eine »Zurückhaltung« der Art, wie sie von Freud empfohlen wurde, therapeutisch hilfreich ist. Er war der Meinung, dass eine emotional korrigierende Erfahrung von Wärme für Patienten notwendig sein könnte, die Liebesentzug oder Traumata erlitten hatten. Während er damit ein wichtiges Problem im Hinblick auf die Macht von Traumata und das Risiko ansprach, dass die klassische Analyse für manche Patienten unerträglich sein kann, ist die Idee, dass der Therapeut eine kompensierende Erfahrung bieten soll, ebenfalls fragwürdig und kann Patienten durchaus weniger oder gar keinen Raum geben, ihre eigenen negativen oder feindseligen Gefühle gegenüber dem Analytiker zu offenbaren.

Während die meisten, vielleicht sogar alle Analytiker heute darin übereinstimmen würden, dass beide Parteien unbewusst aufeinander einwirken, gehen manche noch weiter und schlagen vor, dass freie Assoziationen in beide Richtungen fließen sollten; dass auch der Analytiker vielleicht Träume, Erinnerungen oder persönliche Assoziationen anbieten sollte, wenn sie für relevant gehalten werden, also wie sie durch den Patienten aufgerührt werden. Im schlimmsten Fall hat dieser Ansatz den furchteinflößenderen und manchmal übermäßig zurückhaltenden und schweigenden Stil der Vergangenheit mit einer ebenso fragwürdigen Alternative des »alles raushängen Lassens« ersetzt.

Es gibt eine Bandbreite von Möglichkeiten zwischen dem Versuch eines absoluten »Stillschweigens« des Analytikers und wechselseitiger Beichte von beiden Beteiligten. Doch die *asymmetrische Situation* ist wichtig, ich würde sogar argumentieren, der Schlüssel zur Analyse – ein entscheidendes Mittel, die Übertragung zu erforschen: Der Analytiker muss zu einem gewissen Grad eine undurchsichtige (wenn auch nicht unbeschriebene) »Projektionsfläche« bleiben, auf welche die unbewussten Gefühle des Patienten übertragen werden.

Patienten können durchaus daran interessiert sein, die Eigenschaften des Klinikers zu erkunden, auf den sie schließlich ihrerseits einiges gesetzt haben. Und häufig erfassen sie bei ihm intuitiv eine tatsächliche Stärke, Schwäche oder persönliche Überzeugung. Nichtsdestotrotz, wenn der Analytiker sich absichtlich zurückhält, machen Patienten trotzdem Annahmen, unterstellen Antworten und geben damit Hinweise darauf, was sie von sich selbst und anderen erwarten. Zu viel tatsächliche Information kann in diesem Sinne alles andere als hilfreich sein. Diese Abstinenz erlaubt es den Patienten also, sich den Analytiker so vorzustellen, wie sie das wollen, und bietet eine bessere Aussicht darauf, die Übertragung zu erforschen. Deshalb ist es nicht möglich, wirkungsvoll und sicher enge Freunde oder Verwandte zu analysieren – sie wissen zu viel über einen selbst, und man ist zu sehr in ihr Leben involviert.

KAPITEL 8

Unbewusste Dramen

ÜBERTRAGUNG

Die Technik in der Analyse wurde zunehmend um die Anerkennung und Erforschung der Übertragung modelliert; daher würden heutzutage viele Analytiker selbstverständlich anstreben, ihren Patienten noch im Verlauf der Sitzung ihre Beobachtungen zu deren unbewussten Einstellungen direkt mitzuteilen. Viel wurde auch darüber geschrieben, wie Patienten ihre Analytiker unbewusst »anstoßen«, sich in die jeweils benötigten Rollen einzupassen, und darüber, dass der Kliniker für jemand anders stehen kann. Freud schlug diesen Weg ein, als er zum Beispiel erkannte, dass tatsächlich eine starke Emotion von anderswo *auf ihn* übertragen wurde, wenn Patienten sich in ihn zu verlieben schienen.

Diese Idee der Übertragung kann zugegebenermaßen zu formelhaft benutzt und auf ein Mantra reduziert werden, sodass jede Deutung zum banalen Versuch wird, Patienten zu demonstrieren, dass sie beim Sprechen über andere *in Wirklichkeit* an den Analytiker denken, oder umgekehrt, dass sie sich, wenn sie sich in einer liebevollen, hasserfüllten oder gekränkten Stimmung an den Analytiker wenden, in Wirklichkeit unbewusst auf jemand anderen beziehen.

Es besteht auch das Risiko, die Übertragung zu missbrauchen, ebenso in der medizinischen Praxis wie in der Lehre. Einige Kliniker nutzten die Situation unglücklicherweise aus, indem sie sich die Anfälligkeit von Patienten zunutze machten, von einer charismatischen Gestalt eingeschüchtert, verführt oder beherrscht zu werden. (Einer der bekannt gewordenen traurigen und beunruhigenden Fälle ist jener von Masud Khan, einem talentierten Kollegen, Verfasser wichtiger Beiträge und führendem Mitglied der British Psychoanalytical Society, der völlig entgleiste. Sein zunehmend erratisches Verhalten gegenüber Patienten und Kollegen konnte schließlich nicht mehr ignoriert werden. Das Ausmaß seiner Krise wurde schließlich zu einer *cause célèbre,* als es 2001 nach seinem Tod von Wynne Godley, einem ehemaligen Patienten, öffentlich gemacht wurde.)

Freud hatte bei seinen Kollegen mehr als genug »Ausagieren« erlebt und war sich der Tatsache bewusst, dass ihr Verhalten ebenso wie das ihrer Patienten von unbewussten Faktoren beeinflusst war. Die Tatsache, dass machtvolle unbewusste Kräfte in uns allen existieren und ab und zu aufbrechen, die Arbeit untergraben oder sogar Sitzungen sprengen können, entsprach sogar genau dem, was Freuds Theorien vorausgesagt hatten; Analyse, Supervision, die Präsentation der Arbeit auf klinischen Seminaren und so weiter sind eben darauf ausgerichtet, diese Tendenz so weit wie möglich unter Kontrolle zu halten.

Freuds Erkenntnis über die Macht der Übertragung wurde ihm zum ersten Mal bei »Dora« eindringlich vor Augen geführt, ungefähr zu der Zeit, als die *Traumdeutung* veröffentlicht wurde. Er folgerte, dass Dora ihn sehr ähnlich erlebt haben müsse wie einen anderen Mann, Herrn K., mit dem sie enge familiäre Verbindungen hatte. Herr K. hatte Annäherungsversuche gemacht; sie empfand ihn als unanständig und zudringlich und hielt ihn auf Abstand. Inwiefern Dora Herrn K. insgeheim begehrt hat, ist eine andere Frage. Einige feministische Kommentatorinnen bauten auf Freuds späterer Erkenntnis auf, dass ihr Begehren Herrn K.s Frau gegolten haben könnte (eine Möglichkeit, die er während der Behandlung nicht genügend in Betracht gezogen hatte). Herrn K.s Interesse war für Dora besonders beunruhigend, weil ihr Vater scheinbar eine Affäre mit Frau K. hatte. Dora vermutete, dass ihr Vater sie mit Herrn K. zusammenbrachte, um ihn abzulenken und für die Affäre zu entschädigen. Dora reagierte extrem negativ, als sie das Gefühl hatte, von Freud bedrängt zu werden. Die jeweiligen Handlungen von Herrn K. und Freud gegenüber Dora waren nicht dieselben – ihr Analytiker versuchte nicht, sie zu verführen –, doch der Druck, den sie in ihrer Behandlung erlebte, löste bei ihr eine ähnlich klaustrophobe und empörte Reaktion aus.

Ursprünglich hatte Freud dazu tendiert, die Übertragung als Ärgernis zu betrachten, als ungerechtfertigte Störung, die zu überwinden sei, damit Analytiker und Patient unbelastet etwa an einem Traum weiter arbeiten könnten. Doch später erkannte er, dass das Verstehen der Übertragung ein Schlüssel für die Arbeit selbst oder zumindest ein wichtiger Weg ist, das Unbewusste zu erforschen.

GEGENÜBERTRAGUNG UND ENACTMENT

Später beschäftigten sich einige Analytiker besonders in Großbritannien näher mit der *Gegenübertragung*, also mit Gefühlen oder sogar Verhaltensweisen, die von einem bestimmten Patienten unbewusst im Analytiker erweckt oder verstärkt werden. Unter denjenigen, die diese Idee entwickelten, waren auch einige Kollegen von Klein, die sie eigentlich zum Umdenken aufforderten. Klein schien bezüglich des Werts des Konzepts skeptisch, da sie fürchtete, es berge das Risiko einer zu großen Nachsicht sich selbst gegenüber; dem hätte Freud vermutlich zugestimmt.

Offensichtlich hat der Analytiker auch seine eigene Übertragung auf den Patienten (verwirrenderweise wird auch das manchmal lose als Gegenübertragung bezeichnet); doch zusätzlich dazu muss, wie Vertreter dieses Ansatzes nun argumentierten, immer auf unbewusste Reaktionen oder Gefühle geachtet werden, die etwas im Charakter, Stil oder Innenleben des Patienten im Kliniker auslösen kann.

»Gehen Sie und machen sie noch eine Analyse!« Das war offenbar der Rat, den Paula Heimann (die Autorin eines bahnbrechenden Aufsatzes über Gegenübertragung von 1950) bekam, als sie andeutete, dass sie bei manchen Patienten stark von irrationalen Gefühlen beeinflusst werde. Doch Heimanns Beitrag erwies sich als dauerhaft: Analytiker empfinden derartige innere Phänomene tatsächlich als wichtige Orientierung, als Art zu verstehen, was bestimmte Patienten in ihnen auslösen oder auf sie projizieren.

Das Problem für Analytiker besteht hier darin, ihre Gefühle und Erfahrungen anzuerkennen, zu differenzieren und zu nutzen, und dabei zu versuchen auszusortieren, was zu wem gehört. In einem Aufsatz von 1985, »Working Through the Countertransference« (*Die Gegenübertragung durcharbeiten*) beschrieb die Analytikerin Irma Brenman Pick Situationen, in denen ein Patient sie aus dem Gleichgewicht brachte, weil er in ihr intensive Gefühle oder bestimmte Ängste auslöste. Es kam also ein Patient zu ihr, der eindeutig krank war, und sagte: »Ich war entschlossen zu kommen, auch wenn Sie damit riskieren, sich anzustecken.« Die Analytikerin war beunruhigt und fühlte sich durch seine »Infektion« gefährdet; vielleicht wollte der Patient eben dieses Gefühl der Hilflosigkeit erwecken. Bei einer anderen Gelegenheit bemerkte sie, dass sie sich von dem Patienten recht geschmeichelt fühlte, der überschwänglich kommentierte, wie gut sie sich bei einer öffentlichen Versammlung gehalten hatte, an der er teilgenommen hatte. Gleich darauf äußerte er seine »Besorgnis«, da er sie rauchen gesehen hatte. Sie bemerkte das sofortige »Hoch und Tief« ihrer eigenen Stimmung angesichts dieser kombinierten Botschaft – das Lob und die beflissene »Besorgnis« und implizite Kritik. Diese Stimmungsschwankungen waren deckungsgleich mit den Schwankungen des Patienten, und diese Übereinstimmung war womöglich zum Teil, was der betreffende Patient auslösen wollte.

Eine andere sehr kranke Frau, deren Analyse während ihrer Zeit in der psychiatrischen Klinik fortgesetzt wurde, tauchte immer wieder genau in dem Moment auf, an dem der Termin zu Ende war, und ließ die Analytikerin verärgert und verzweifelt zurück. Bei einer anderen Gelegenheit kam diese Patientin zerzaust, mit starkem Körpergeruch, scheinbar, ohne sich ihrer Wirkung bewusst zu sein. Ein zentraler Aspekt der Aufgabe der Analytikerin ist es, diese Gefühle so gut wie möglich zu verarbeiten. Und die Patientin kann derweil durchaus bewusst oder unbewusst beobachten, wie die Analytikerin auch damit kämpft, mit ihren – zum Beispiel defensiven, allmächtigen, ehrlichen oder schmerzhaften – Emotionen zurechtzukommen.

Es ist immer fraglich, inwieweit die flüchtigen Stimmungen des Analytikers im Sprechzimmer vom Patienten verursacht sind, daher erfordert die Idee der Gegenübertragung einen sensiblen Umgang, um zu gewährleisten, dass sie nicht einfach zum Allerweltswort wird. Doch Patienten können sehr geschickt darin sein, bei ihrem Analytiker ganz unauffällig sensible

Bereiche anzureißen. Patienten können etwa subtil einnehmend sein oder sticheln, um den Praktiker dazu zu bringen, gewisse Gefühle zu entwickeln oder sich auf bestimmte Art und Weise zu verhalten, etwa beschwichtigend, triumphierend oder wütend, selbst wenn er sich dessen im Moment nicht bewusst ist. Bei anderen Gelegenheiten kann das scheinbare Fehlen von Gefühlen oder eine gleichmütige Stimmung auffallen. Mit anderen Worten *versucht* ein Kliniker, der dieses Modell im Kopf hat, zu beachten, was extremer ist als gewöhnlich, oder auch eine Art zu sprechen zu identifizieren, die ihm nicht wirklich »eigen« ist, und überlegt dann, inwiefern das relevant sein kann.

Ein weiterer Begriff – »Enactment« oder ähnlich »Aktualisierung« – wird verwendet, um die Momente zu beschreiben, wenn etwas unbewusst *zwischen* den Beteiligten vor sich geht. Enactment bezeichnet den Prozess, wenn ein Analytiker und ein Patient in einer bestimmten Szene aufgehen, die eine Phantasie ausdrückt, auch wenn sie sich zwischen den zwei Personen abspielt. Enactments, in denen Analytiker und Patient gemeinsam in eine Reihe von ernsthaft unangemessenen Handlungen verfallen (was üblicherweise als »Grenzverletzung« bezeichnet wird), sind für die Analyse katastrophal. Oft können allerdings subtilere Versionen Denkanstöße geben, die innerhalb der Behandlung aufgenommen und erforscht werden können.

Ein von einem strengen Über-Ich gelähmter Patient kann so zum Beispiel einiges Vergnügen an Grausamkeit finden, mit sadistischen Sexualpartnerinnen eine bestimmte »Opfer-«Position genießen, und dann Echos dieses Musters in der Analyse reproduzieren. Diese Tendenz kann in einem Szenario offensichtlich werden, in dem eine gewöhnlich zurückhaltende Analytikerin sich in der Position wiederfindet, ihrem Patienten fast eine Moralpredigt zu halten, nur um zu erleben, wie dieser einen zufriedenen Seufzer ausstößt. Wir könnten vermuten, dass hier etwas inszeniert wurde, in dem sich das unbewusste masochistische Drehbuch des Patienten widerspiegelt. Derartige Enactments können dann »eingefangen« und vielleicht verstanden und dadurch potenziell zu einem wichtigen Werkzeug der psychischen Veränderung werden.

Sehen wir uns zuletzt einen Moment in der Behandlung einer jungen Frau an, die vor ihrem Analytiker einen Traum von sich selbst bei einer Tanzveranstaltung erinnert. Diese Beschreibung wurde in einem Buch des betreffenden Analytikers (Peter Giovacchini) veröffentlicht und von einer anderen Analytikern, Priscilla Roth, näher betrachtet. Es ist es wert, sich dabei sozusagen als Coda unserer Diskussion von Übertragung, Gegenübertragung und Enactment ein wenig aufzuhalten.

Die Patientin berichtet von einem vagen Traum, in dem ein Mann in grauem Anzug vorkommt, der sie zum Tanzen auffordert. Sie erzählt weiter, wie sie sich im Raum bewegen, worauf ihr Partner sie in eine Ecke steuert und sich gegen sie presst. Sie konnte seinen erigierten Penis spüren. Der Analytiker fügt in seiner Niederschrift des Falles für den Leser seine eigenen Überlegungen hinzu und merkt an, dass er oft graue Anzüge trägt und die Übertragung erotisch sei – das Material enthalte eine Anspielung »auf ihre sexuellen Gefühle mir gegenüber«.

Die Patientin kämpft damit, merkt er an, sich gegen diese Impulse zu wehren. Er bittet sie, zum Traum zu assoziieren und beobachtet weiter, dass sie diese Aufforderung mehr oder weniger ignoriert und dazu neigt, andere Themen anzusprechen. Sie beschäftigt sich in Reaktion auf seine Aufforderung nur zögerlich mit einigen Elementen, etwa der Unklarheit des Traums. Ihr Analytiker führt sie dann zum Mann im grauen Anzug zurück. Nach einem Schweigen von einer Minute wird die Patientin extrem unruhig und berichtet von einem Gefühl der Verworrenheit und davon, dass die Couch sich dreht. Langsam nehmen diese Gefühle ab und sie spricht weiter, bezieht sich aber nicht mehr auf den Traum.

Hier wird der Analytiker »enorm neugierig«, unterbricht sie und fragt nach dem Traum, worauf sie antwortet: »Welcher Traum?« Zu seiner Verwunderung hat sie ihn vergessen. Er wiederholt die Details, lenkt ihre Aufmerksamkeit wieder auf den Mann; wieder hat sie das Gefühl, dass die Couch sich rasend dreht und scheint den Traum aus ihrem Gedächtnis gelöscht zu haben. Dieser »Tanz« um den Traum geht weiter, als er ein drittes Mal versucht, ihren Assoziationen nachzuspüren, mit demselben Ergebnis. Während sie noch einmal das Gefühl hat, dass sich alles dreht, beschreibt sie einen Strudel, der ihre Gedanken einsaugt.

Hier könnten wir nicht nur den Traum einer Patientin betrachten wollen, so wie Freud das tat, sondern auch, was die Patientin mit diesem Traum *macht* – in diesem Fall, ihn ihrem Analytiker zu überantworten und dann scheinbar völlig zu vergessen. Zudem ist es angesichts dessen, dass Analytiker dafür bekannt sind, sich für diese Dinge besonders zu interessieren, durchaus möglich, dass ein bestimmter Patient im Bestreben, dem Analytiker nach einer stürmischen Sitzung eine Freude zu machen oder etwas wiedergutzumachen, einen Traum als eine Art Geschenk und Friedensangebot oder sogar als verführerische Geste darbietet. Könnte er manchmal benutzt werden, um Analytiker und Patient ein wechselseitig zufriedenstellendes Projekt zu liefern, sie vielleicht von etwas anderem abzulenken? So gibt es unendlich viele verschiedene Arten, sich neben dem spezifischen Problem des Trauminhalts und der Assoziationen, die daraus folgen, der Funktion und Art der Traumerzählung oder der Arbeit daran in einer Sitzung anzunähern.

DEUTUNGSEBENEN

In ihrem Kommentar zu Giovacchinis Bericht zeigt Roth vier Deutungsebenen auf, die für die eben beschriebene Sequenz relevant sein können. Am unmittelbarsten (die erste Ebene) könnte all das sich auf den

Vater der Patientin beziehen; vielleicht ist er die Gestalt »im grauen Anzug«, wobei hier ganz wesentlich ist, darunter nicht nur den realen Vater zu verstehen, sondern die väterliche Gestalt, an die sie denkt. Zweifellos würde auch weiteres Material einer derartigen Annahme zugrundeliegen, doch nehmen wir einmal an, »grauer Anzug« enthält etwas von ihrem Vater. Roth zieht eine Verbindungslinie zu Freuds Fall Dora und dazu, wie diese Patientin ihren Vater und Herrn K. in ihrem Verhalten ihr gegenüber erlebte. Der Analytiker könnte dann dieser jungen Frau gesagt haben, wie das vielleicht Freud gegenüber Dora getan haben könnte: »Ihr Traum handelt von Ihrem Vater; Sie haben Angst, zuzugeben, dass Sie in Bezug auf Ihren Vater solche Gedanken haben.« Man könnte hier möglicherweise auch erforschen, was sie glaubt, dass ihr Vater über sie denkt.

Auf einer zweiten Ebene könnte eine Deutung direkt den Analytiker in den Blick nehmen: »Sie haben Angst vor Ihrem Traum, weil der Traum von mir handelt.« Wie Roth es formuliert: »Was [Giovacchini] uns zeigt, ist ein Analytiker in einer Sitzung, der versucht, mit seiner Patientin ... über als »Traum« bezeichnete Gedanken zu sprechen, die sie mitten in der Nacht an ihn hatte.« Der Analytiker hat all das schon bei sich gedacht und könnte also sagen: »Ich trage häufig graue Anzüge, der Mann im Traum trägt einen grauen Anzug – mitten in der Nacht hatten Sie diese Phantasie über mich.« Das wäre eine Deutung über die Übertragung von bestimmten Eigenschaften, die diskret präsentiert und vom Analytiker mit einiger Distanz behandelt werden.

Auf noch einer weiteren Ebene könnte der Analytiker fragen, was *hier und jetzt* vor sich geht, und könnte zur Patientin vielleicht sagen: »In dieser Sitzung geht etwas vor sich, wobei ich, während ich Ihnen Deutungen anbiete, als der Mann im Traum wahrgenommen werde. Es scheint, als würde der Traum sich hier wiederholen.« So werden jetzt die Frau *in der Sitzung,* die Frau, die *den Traum träumt*, und die Frau *im Traum* zusammengeführt. Diese Interpretation könnte es Analytiker und Patientin ermöglichen zu erfassen, wie in der Sitzung dieselbe Konfiguration aufgetaucht ist wie im Traum.

Es gibt allerdings auch noch eine vierte Ebene, in der, wie Roth es formuliert:

> wir betrachten könnten, wie eine bestimmte Kombination des Drucks der Patientin und der Schwierigkeiten, die das im Analytiker hervorruft, zu einer unbedachten Reaktion des Analytikers führt, um eben die Situation herzustellen, um die es geht: Eine innere Beziehung wird *tatsächlich* innerhalb der Sitzung inszeniert, ein Enactment, an dem sowohl Analytiker als auch Patientin beteiligt sind.

Ein gewisses Bewusstsein für die Möglichkeit, dass diese vierte Ebene im Spiel sein könnte, könnte den Analytiker veranlassen, für sich nachzudenken, bevor er überhaupt spricht. Diese Selbstbefragung über seine

Gegenübertragung könnte ihm dann ermöglichen, sich zu fragen: »Wie komme ich dazu, die Patientin mehrmals in eine Ecke zu drängen? Warum dränge ich ihr meine Frage auf?« Der Analytiker würde hier zuerst versuchen, in diesem Prozess eine Art Anhaltspunkt zu finden, bevor er die Patientin anspricht. Dann könnte er vielleicht besser überlegen, wie er eine Deutung anbieten kann, ohne einfach im Sprechen eben den Prozess des »Drängens« erneut zu inszenieren. Der Analytiker könnte mit anderen Worten mit seiner Patientin laut denken und beobachten, was zwischen ihnen immer wieder passiert. In Roths Worten: »Wir scheinen in eine Situation geraten zu sein, in der ich Sie immer wieder verfolge oder in eine Ecke dränge, auf eine Art, die Sie beängstigt, wie in Ihrem Traum.«

KAPITEL 9

Der Kampf ist noch nicht zu Ende

> Ich begann meine berufliche Karriere als Neurologe und versuchte, meinen neurotischen Patienten Erleichterung zu verschaffen. Ich entdeckte einige wichtige neue Fakten über das Unbewusste ... [und] die Rolle von instinktiven Zwängen. Aus diesen Erkenntnissen erwuchs eine neue Wissenschaft, die Psychoanalyse, als Teil der Psychologie, und eine neue Methode der Behandlung von Neurosen. Ich hatte für diesen Glücksgriff einen hohen Preis zu zahlen. Es gab Menschen, die nicht an meine Fakten glaubten und meine Theorien für unanständig hielten. Der Widerstand war stark und unnachgiebig. Am Ende war ich erfolgreich ... doch der Kampf ist noch nicht zu Ende.

Das sagte Freud 1938 in einem BBC-Interview. Im gleichen Atemzug deutete er die Überzeugung an, dass die Psychoanalyse einen etablierten Status habe, *und* untergrub diese gleichzeitig. War Freud »am Ende« erfolgreich, wie er hoffte und behauptete? Darüber wird es nie einen Konsens geben, doch meiner Ansicht nach lautet die Antwort in mehrfacher Hinsicht Ja. Ich möchte ausgehend von Freuds Radio-Interview mit einigen weiteren Gedanken über Leistungen, Schwierigkeiten, Einfluss, Kontroversen und mögliche politische Relevanz des analytischen Zugangs schließen.

Freud begründete ein wichtiges Feld; er schuf ein bemerkenswertes Werk; er inspirierte Innovationen in der Kultur, in Gesellschaftstheorie, biographischen Zugängen und politischem Denken; er baute eine blühende, wenn auch oft zänkische Bewegung auf; er ermutigte viele, seinen Spuren zu folgen, und etablierte beachtliche neue Wege der klinischen und theoretischen Forschung.

Die Analyse wurde von Anfang an sowohl direkt auf Patienten als auch auf gesellschaftliche Phänomene angewandt und ermöglichte neue Sichtweisen auf Kultur und kollektive Überzeugungen. Einige Analytiker wurden zugegebenermaßen unvorsichtig und warfen Psyche, Gruppen und Nationen in einen Topf oder behandelten Charaktere in Romanen und Theaterstücken wie Patienten auf der Couch, ohne sich viel um das Genre oder den Kontext der jeweiligen Werke zu scheren.

Dieses Argument kann man auch umkehren und anmerken, wie sehr Freuds reale Fälle künstlerisch konstruiert sind, wobei er seine großen schriftstellerischen Fähigkeiten einsetzte. Er war mit den Klassikern vertraut und seine klinischen Beschreibungen können als packende Geschichten gelesen werden. In vielen von Freuds Theorien schwingen antike Mythen und die Erzählungen und Theaterstücke mit, die er besonders liebte. Doch die dramatische Qualität ist zweifellos auch in vieler Hinsicht der Art geschuldet, wie die betroffenen Patienten ihre Probleme erzählten, wie sie ebenfalls das Durcheinander des Lebens zu fesselnden

Narrativen umformten und dabei ihre eigenen Geschichten aufgriffen und neu bearbeiteten.

Freuds BBC-Interview erinnert uns auch daran, dass die Verbreitung der Analyse nicht auf die Behandlung hinter verschlossenen Türen beschränkt oder nur eine Sache von gelehrten Aufsätzen in Fachgesellschaften ist: Sie ist im Äther, im Film und heute bei Twitter, Facebook und Konsorten Teil einer andauernden Auseinandersetzung. Elemente der Analyse sind in die Alltagssprache übergegangen, etwa wenn Menschen davon sprechen, etwas werde »verleugnet« oder Probleme würden »verdrängt«.

Die Analyse ist sowohl eine enorm private Begegnung und eine öffentliche Konversation, die heute schon mehr als hundert Jahre andauert. Viele Fälle wurden publiziert und man kann auch die Erinnerungen von oder Interviews mit ehemaligen Patienten lesen, die ihre eigenen Einblicke in die analytische Erfahrung offenlegen. Dabei gibt es von allem etwas: scharfsinnige Beobachtungen und schmerzhafte Enthüllungen, Anerkennung und Lob, Enttäuschung und humorvolle Anekdoten. Eine der bewegendsten darunter ist der *Tribut an Freud* der amerikanischen Dichterin und Autorin Hilda Doolittle, ein Bericht über ihre Sitzungen im Wien der 1930er Jahre. Für sie war die Sprechkur quälend, ergreifend, enthüllend und eine Erfahrung, die ihr Leben dramatisch veränderte.

Manchmal wurde eine ambivalente, spöttische Haltung gegenüber der Analyse mit großer literarischer Wirkung eingesetzt. Freuds Schriften wurden bewundernd aufgenommen und von Schriftstellern wie D.H. Lawrence auch parodiert. Seine Auseinandersetzungen umfassen anerkennende, aber nach dem Ersten Weltkrieg auch geistreich persiflierende Aufsätze über Freuds Unbewusstes. Virginia Woolf, deren Bruder Analytiker wurde, las in ihrem späteren Leben begeistert Freud, und ihre Tagebücher sind mit einigen glühenden Impressionen und bissigeren Bemerkungen über Analytiker gepfeffert, denen sie begegnete und die sie aus der Nähe beobachten konnte. Freuds Vorliebe für Witze und sein Interesse an Wortspielen wurden von James Joyces kunstvollen Anspielungen auf seine Methoden gekonnt übertrumpft. Diesen Anspielungen haftete eine zusätzliche Intensität an, da Joyces Tochter an ernsten psychischen Problemen litt. Er schrieb in *Finnegans Wake* von »we grisly old Sykos« und einer Zeit, als Menschen »yung and easily freudened« waren.

»Now vee may perhaps to begin« ist vielleicht der bekannteste psychoanalytische Satz in der gesamten amerikanischen Literatur. Damit schließt der bis dahin stumme Dr. Spielvogel (Autor eines seriösen Aufsatzes über den »Verwirrten Penis«) Philip Roths *Portnoys Beschwerde*, einen der vielen wichtigen Nachkriegsromane, die ihre Leser ins Sprechzimmer mitnehmen.

Bilder von Analytikern und Patienten in Unterhaltung und Karikatur, besonders in New York (und im *New Yorker*) oder in Fernsehserien (denken Sie an *The Sopranos* oder *In Treatment/Der Therapeut*) würden für sich ein Buch verdienen, ebenso wie die Witze, die in der psychoanalytischen Literatur vorkommen oder sich gegen die Sprechkur wenden. Zwei werden hier ausreichen müssen: Der erste, den Freud sehr geschätzt hat, handelt von einem Ehepaar – ein Ehepartner sagt zum anderen: »Wenn einer von uns stirbt, geh ich nach Paris.« Im zweiten bemerkt ein Patient nach dem Tod seines Analytikers einem Freund gegenüber: »Ich wäre ja zum Begräbnis gegangen, aber er hätte mir die Sitzung verrechnet.«

Unzählige Filme schwelgen in Anspielungen auf Freud, benutzen die Werkzeugkiste analytischer Begriffe und/oder karikieren Ansprüche bezüglich der Wirksamkeit der Sprechkur. Hitchcocks *Spellbound* (1945) mit den Traumlandschaften von Salvador Dalí schuf die Grundlage für Hollywoods Liebesaffäre mit dem Freud'schen Denken in der Nachkriegszeit. Denken sie wiederum daran, wie Žižek in seinem populären Film *A Pervert's Guide to Cinema* den Freud'schen Hitchcock neu interpretiert und liebevoll auf die Schippe nimmt. Er versetzt sich in der Anfangsszene von *The Birds/Die Vögel* zurück auf das Wasser und suggeriert sogar, dass die Gestaltung von *Psycho* als Bild für die dreiteilige Freud'sche Psyche verstanden werden kann. Im ersten Stock die grausame (tote) Mutter – kein Vater weit und breit –, die Norman Bates ausschimpft: Das ist das Über-Ich. Im Erdgeschoß der Empfangsbereich, wo die innere und die äußere Welt aufeinandertreffen: das Ich. Im Keller ein schrecklicher Hexenkessel voller Überraschungen: das Es.

»Der Widerstand war stark und unnachgiebig.« In einem provokanten Diskussionsmanöver legten manche Analytiker und auch Freud nahe, dass vieles an der öffentlichen (philosophischen, literarischen, historischen, religiösen oder wissenschaftlichen) Kritik einfach als »Abwehrstrategien« gegen unbequeme psychoanalytische Erkenntnisse abgeschrieben werden könne, die jene einsetzten, die diese Einwände erhoben. Es mag in derartigen »Diagnosen« oft genug ein Quäntchen Wahrheit stecken: Freud war tatsächlich manchmal mit reflexartigem Widerstand konfrontiert, als er seine Ideen zuerst vorlegte, doch der analytischen Theorie zufolge können wir alle zu einem gewissen Grad nicht anders als Widerstand leisten. Dieser diagnostische Zugang zu kultureller Kritik an der Analyse zog – verständlicherweise – umso größere Beschwerden nach sich: als würde es ausreichen, dass der Analytiker feindselige Motive deutet, um sich damit die Mühe der Auseinandersetzung mit der Kritik selbst ersparen zu können. Manche drehten den Spieß auch um und behaupteten ihrerseits, dass der Analytiker in Abwehr nach einem hieb- und stichfesten Alibi für die eigenen Annahmen und unhinterfragten Überzeugungen suche.

Wenn auch einige Kritiken an den Freud'schen Ideen oder der analytischen Bewegung moralisierend, dumm oder sogar hysterisch sein mögen, sind andere für Praktiker beunruhigender; sicher ist, dass nicht alle leichthin als reine »Abwehr« abgetan werden können. Zu den interessantesten Herausforderungen gehören einige Beobachtungsstudien aus den Sozialwissenschaften, die die inneren Vorgänge in analytischen Gruppen und Gesellschaften beschreiben. Ernest Gellners bissige Untersuchung des Berufsstands ist eines der berühmtesten Beispiele. Diese Untersuchungen betonen, in welchem Ausmaß die Freud'schen Institutionen orthodoxe Züge angenommen haben, die an eine Religion erinnern, und das, während sie derartige Tendenzen anderswo als trügerisch interpretiert haben. Eine Anzahl von Freuds Schriften, etwa *Totem und Tabu, Gruppenpsychologie* und *Der Mann Moses und die monotheistische Religion* können unter anderem auch als indirekte Kommentare zur Psychodynamik der analytischen Bewegung selbst gelesen werden.

Es wird vielleicht immer umstritten bleiben, inwieweit die Analyse in ihrem kreativen Bestreben spontan, frei, sogar »romantisch« bleiben sollte; und in welchem Ausmaß sie kodifiziert, diszipliniert, bezüglich Technik und Training festgeschrieben sein und auf der Kontrolle ihrer Grenzen bestehen sollte. Viele Kritiker haben auf die Ironie hingewiesen, dass gerade die Analytiker, die in ihren Beschreibungen des unbewussten Verlangens nach Autorität so tiefschürfend sind, in ihrer eigenen Organisation das Erfordernis nach einer strengen Hierarchie und manchmal blinder Gefolgschaft entwickelt haben. Ein prominenter Analytiker in Amerika bezog sich auf gewisse aktuelle Rigiditäten bezüglich der Ausbildung und anderer Fragen als auf einen institutionellen »Abschiedsbrief«. Den analytischen Gemeinschaften, so betonen verschiedene Beobachter, mangelt es nie an Ritualen und Andachtsübungen. Der Psychiater und Schriftsteller Robert Jay Liften streifte in einem Buch über politische »Gedankenreform« in Maos China nebenbei eine analytische Institution, in der er seine klinische Ausbildung begonnen hatte. Er sprach pointiert von »Milieukontrolle«, »der Vormacht von Doktrin über Erfahrung« und einer »sakralen Sprache«.

Mit Blick auf Großbritannien würde ich argumentieren, dass die Analyse in mehrfacher Hinsicht von ihrer relativen Autonomie gegenüber anderen Institutionen, ihrer Unabhängigkeit von der Ärzteschaft und ihrer weitgehenden Trennung von den Universitäten profitiert hat. Doch eben diese Manövrierfreiheit riskierte auch, die analytische Gemeinschaft zu isolieren und zu marginalisieren. Manchmal waren die analytischen Erlasse bemerkenswert rigid, etwa als in den 1930er Jahren Kandidaten gesagt wurde, dass sie sich zu entscheiden hätten, ob sie in der eher öffentlich orientierten und methodisch eklektischen Tavistock Clinic in London arbeiten oder der exklusiveren »reinen« analytischen Tradition folgen wollten, die von der British Psychoanalytical Society vertreten wurde (eine Forderung, über die sich auch Bion später hinwegsetzte).

Tatsächlich gelang es vielen Praktikern, effizient in zwei unterschiedlichen Positionen zu arbeiten, etwa in öffentlichen Gesundheitseinrichtungen oder Universitätsinstituten. So konnten sie ihre Behauptungen mit Kollegen diskutieren, die andere Untersuchungs- und Behandlungsmethoden anwenden; so konnte die analytische Arbeit verbreitet *und* für Anpassungen und Kritik von außen empfänglicher gemacht werden.

Analytische Vorstellungen in Bezug auf Angst, Abwehr, Verleugnung und Enactment haben bei der Erforschung von analytischen Institutionen und auch in der Sondierung von Struktur und unbewussten Interaktionen innerhalb anderer Berufsgruppen ihren Wert. Analytiker haben zum Beispiel wichtige Studien über die oft schwierigen emotionalen Erfahrungen von Krankenpflegern vorgelegt und untersucht, wie Ärzte und Verwaltungspersonal im Alltag der Gesundheitsdienste mit ihnen umgehen. Sie haben sich auch angesehen, was in der Praxis der Polizei- und Sozialarbeit richtig – und was falsch – laufen kann.

Nicht nur in »Sozialberufen«, sondern auch in Industrie, Wirtschaft und Wissenschaft hat die Analyse bei der Erforschung der Faktoren eine Rolle gespielt, die kreative, durchdachte Arbeit erleichtern oder den Zusammenhalt zerstören, realistische Einschätzungen oder wahnhafte Überzeugungen ermöglichen, eine Gruppe dazu veranlassen, Gefahren zu erkennen und zu intervenieren, um eine Krise abzuwenden, zu alarmistisch zu werden, oder, im schlimmsten Fall, erschütterndes menschliches Leid beharrlich zu übersehen.

Die Kinderpsychotherapeutin Margaret Rustin beschreibt ausführlich die psychologischen, politischen und interpersonellen Faktoren, die viele Experten letztlich dazu brachten, nicht auf die Hinweise zu reagieren, dass die achtjährige Victoria Climbié in Todesgefahr war, bevor sie im Jahr 2000 in London von ihren Vormunden ermordet wurde, obwohl diese mehrmals in den Fokus der Behörden geraten waren. Der Fall hat viel Aufmerksamkeit erregt und eine öffentliche Untersuchung nach sich gezogen. Rustin stützte sich auf psychoanalytische Ideen, um zu zeigen, wie und warum es für so viele teilnehmende Beobachter (Ärzte, Sozialarbeiter, Lehrer, Polizei) letztlich möglich war, sich gleichsam zu weigern, diese Gräuel zu sehen, wie das auch in vielen sich vergleichbar entfaltendenden Tragödien der Fall ist.

»Wichtige neue Fakten ... eine neue Wissenschaft.« Sicherlich sah und wollte Freud es so. In die Position zu kommen, 1932 mit Einstein einen Briefwechsel über Krieg und Psychologie zu führen, oder sechs Jahre zuvor von illustren Wissenschaftlern der Royal Society geehrt zu werden, war für ihn um vieles wichtiger als der Enthusiasmus der Avantgarde für seine *Traumdeutung*. Freud suchte nach Anerkennung, war tendenziell jedoch wenig von der populären Ausbeutung von analytischen Ideen beeindruckt, die bereits im Europa der Zwischenkriegszeit so deutlich sichtbar war.

Was Freud zu einem Nachkriegs-Modewort wie »Shrink« gesagt hätte, kann man sich nur fragen; es ist schwer vorstellbar, dass er es akzeptiert hätte, ohne die darin enthaltene Feindseligkeit und Angst zu deuten. Eine Einladung, die Freud 1925 erhielt, an einem amerikanisch finanzierten Film über Antonius und Kleopatra mitzuarbeiten, ließ ihn kalt, trotz großer finanzieller Versprechungen. Er war ebenso unbeeindruckt, als er von Künstlern wie Dalí hofiert wurde. Einige seiner Kollegen, unter anderen Karl Abraham, arbeiteten an Filmen wie dem deutschen Stummfilmdrama *Geheimnisse einer Seele* (1926) unter der Regie von Georg Wilhelm Pabst mit.

Mit der Verbreitung von analytischen Ideen und Gesellschaften erhielt der kritische Beschuss neue Munition. Die einen attackierten die Sprechkur wegen ihrer Unwissenschaftlichkeit, oder noch schlimmer als Pseudowissenschaft; andere dafür, den Willen zu schwächen, eine verworfene Moral zu propagieren, oder auch, den Narzissmus weniger zu untersuchen und in Frage zu stellen als vielmehr zu befördern. Freud hatte für die Analyse immer wissenschaftliche Ansprüche gestellt, und das bot Angriffen eine offene Flanke. Eine Karikatur besagt, dass die Sitzung notwendigerweise eine paradoxe Welt ist, in der Einwände oder Widerspruch von Patienten automatisch als Abwehr der Wahrheit der gesicherten Deutung des Analytikers gedeutet werden.

Die einflussreichste Version der Kritik nach dem Motto »bei Kopf gewinne ich, bei Zahl verlieren Sie« stammt vom Philosophen Karl Popper: Obwohl er Freud zum Teil bewunderte, war er auch der Meinung, dass die Psychoanalyse nicht wissenschaftlich sei, weil sie niemals »falsifiziert« werden könne. Ein Wissenschaftliches Experiment, behauptete er, setzt die Möglichkeit voraus, dass ein anderer Wissenschaftler Mittel entwickeln kann, um zu zeigen, dass die Hypothese nicht richtig war.

Zu häufig werden allerdings die schlimmsten Beispiele von analytischem Theoretisieren oder analytischer Praxis mit der Norm verwechselt. Erzwungene oder zirkuläre Formen der Überzeugung – in Schriften, der Lehre und im Sprechzimmer – sind natürlich möglich, in meiner Erfahrung sind sie aber keine notwendigen und noch weniger unvermeidliche Ergebnisse. Analytiker mit der notwendigen Integrität sind offen für Alternativen, versuchen, sich immer bewusst zu bleiben, dass sie möglicherweise falsch liegen, oder zu überlegen, ob die Behandlung hilfreich ist. Ihre Deutungen werden am besten als Untersuchungsansätze betrachtet und nicht als letztes Wort. Selbst wenn der Analytiker richtig deutet, lautet die weiterführende Frage, ob der Zeitpunkt für den Patienten nützlich und erträglich ist.

Diskussionen darüber, ob die Analyse eine Wissenschaft sei oder nicht, gehen möglicherweise auch zum Großteil am Thema vorbei: Ihre zahlreichen klinischen oder auch kulturellen Leistungen hängen letztlich nicht unbedingt von derartigen Urteilen ab. Doch bevor die Analyse als notwendig unwissenschaftliches Verfahren abgetan wird, müsste man fragen, welche alternative, strengere Methode ebenso gut dazu dienen könnte, subjektive Erfahrung und unbewusste Prozesse so zu erforschen, wie auf diesen Seiten beschrieben wurde. Denn was hier auf dem Spiel steht, ist nicht nur die Art von Erkenntnis, die man aus einem Gehirnscan, einer Abhandlung über philosophische Logik oder einem Fragebogen gewinnen kann. Vielleicht muss die Analyse an dieser Schwelle stehenbleiben, auf Strenge *abzielen,* für die Verkomplizierung, sogar Falsifikation ihrer eigenen Wahrheitsansprüche offenstehen, dabei aber vor allem um Kreativität und Wirksamkeit im Sinne eines experimentellen Handwerks bemüht bleiben.

Die Idealisierung der Analyse ist genauso möglich wie ihre Dämonisierung und kann auch Schaden verursachen. Wie der immer populärere Papst Franziskus im Jahr 2014 in Reaktion auf das Phänomen der »Franziskus-Manie« spöttelte: »Sigmund Freud sagte einmal, ... dass in jeder Idealisierung ein Angriff steckt.« (zitiert nach dem *Guardian,* 6. März 2014). Er ist womöglich das erste Oberhaupt der katholischen Kirche, das sich in einer Interpretation der Exzesse der Ergebenheit an einen Menschen oder eine Sache und die mögliche dahinterliegende Aggression so direkt auf Freud bezieht. Freud zufolge ist es sehr wahrscheinlich, dass die Analyse in uns allen ambivalente Gefühle auslöst, und jene, die *ausschließlich* ihre unsterbliche Liebe für die Sprechkur beteuern, würden natürlich auch geeignete Fälle für ihre Behandlung abgeben.

Freud wollte drastisch verändern, wie wir gewohnheitsmäßig denken, hören und sehen, und darauf bestehen, Phantasie und Träume als zentrale Bestandteile unseres Lebens zu behandeln. Er versuchte zudem immer beharrlich, psychische Wurzeln aufzudecken und neue Wege für das Studium des Unbewussten zu finden. Seine Fälle, wurde ihm nachgesagt, hatten gewisse Affinitäten zum Genre des Detektivromans, das auch am Ende der viktorianischen Zeit groß wurde, als die Analyse erfunden wurde. Freud wurde mit Sherlock Holmes verglichen, einem Kenner übersehener Hinweise. Freud verglich sich selbst auch mit einem *Conquistador.*

Doch mit der Ausdehnung des ursprünglichen Kreises von Verehrern und der Entwicklung der Analyse zu einem formaleren Wissensbereich ging ein Teil des frühen Freibeutergeists verloren. Wie andere Fachorganisationen von weltweiten Ausmaßen strafften sich auch die psychoanalytischen Institutionen unvermeidlich, als sie von einer frühen Erkundungsphase in eine gesetztere Entwicklung übergingen. Zugegeben, nur sehr wenige Kliniker in diesem Feld haben auch nur einen Hauch von Freuds *schriftstellerischem* Genie, und niemand kann sich mit ihm in Bezug auf den Mut seiner Experimente in Denken und Praxis messen. Nichtsdestotrotz entwickelt sich das Feld weiter und steht Innovationen und Entwicklungen offen, nicht nur im Sprechzimmer, sondern auch in seinen anderen Anwendungen, etwa der therapeutischen Arbeit in Schulen oder mit Familien und Gruppen. Die

Analyse ist, kurz gesagt, weiterhin im Aufbau begriffen.

»Erfahrung hat uns gelehrt, die psychoanalytische Therapie, die Befreiung eines Menschen von seinen neurotischen Symptomen, Hemmungen und Charakterabnormitäten ist eine langwierige Arbeit«, bemerkte Freud im Jahr 1937 in einem seiner letzten Aufsätze, »Die endliche und die unendliche Analyse«. Ein Teil des Problems war tastsächlich die Zeit, die die Arbeit in Anspruch nimmt. Freud feierte, was die Analyse möglich machte, schien sich aber auch über das Rätsel zu beunruhigen, warum eine tiefgreifendere psychische Veränderung so langsam voranschreiten kann, und wie in einigen Fällen Symptome oder andere ernste Schwierigkeiten im Leben wiederkehrten, um bereits behandelte Patienten zu quälen. Es kann durchaus sein, dass zwischen dem Wunsch nach psychischem Gleichgewicht und Veränderung ein ständiger Kampf tobt, wie es jüngere Analytiker nahelegen.

Die typische Analyse ist im Laufe des 20. Jahrhunderts länger geworden. Heute geschieht allerdings möglicherweise das Umgekehrte. Die zeitaufwändige Form der klassischen Analyse hat sie auf Kollisionskurs mit den immer hektischeren Lebensumständen und dem herrschenden Geschwindigkeitsideal unserer Zeit gebracht. Wir leben in einer Kultur und Wirtschaft, die lautstark von einem endlosen »Wachstum« ausgeht und ihre »Ergebnisse« in immer engeren Begriffen und kürzeren Zeithorizonten misst. Sicher spricht vieles für administrative Effizienz und – nicht zuletzt im Gesundheitssystem – dafür, Wartelisten kurz zu halten oder die Erfolge und Misserfolge von professionellen Dienstleistenden zu prüfen. Der Druck, Verzögerungen zu vermeiden und die Kosteneffizienz zu prüfen, wird verständlicherweise in unseren Zeiten der finanziellen Anspannung immer größer. Doch auch die Liefergeschwindigkeit ist weithin zu einem unhinterfragten Wert an sich geworden. Das Internet fördert das zweifellos, indem es uns darin bestärkt, auf *jede* unserer Fragen sofort eine Antwort zu erwarten, wobei die Nachfrage innerhalb von Zehntelsekunden mit einem Angebot befriedigt wird.

Viele Nutzer, auch von einigermaßen gut organisierten Gesundheitssystemen wie dem britischen NHS, berichten von ihren Eindrücken, dass der menschlichen Erfahrung und Qualität der Pflege immer weniger Beachtung geschenkt wird, weil zu wenig Zeit dafür vorgesehen ist, wirklichen menschlichen Kontakt zu ermöglichen. Eine Kultur der »Zielvorgaben« vernachlässigt nur allzu oft das psychologische Element – zum Beispiel wie wichtig es ist, womöglich über die Zeit hinweg immer denselben Menschen zu sehen, nicht einfach einem austauschbaren, anonymen Arzt zugewiesen zu werden. Bettlägerigen Patienten könnte es auch guttun, wenn ein Pfleger einige Minuten mit ihnen plaudert und nicht nur eine festgelegte Funktion ausübt und »effizient« vorbeirauscht. (Diese Tendenz zeigt sich auch in vielen anderen Bereichen: Die Zeit von Schulkindern und Lehrern wird etwa immer stärker reglementiert, zumindest in Großbritannien, und das mit oft stumpf und endlos erscheinenden Tests.) Vermeintliche Zeiten der »Flaute«, aus denen sich neue Ideen entwickeln können, werden heute möglicherweise als unleistbar, als Luxus oder als Domäne von »Versagern« abgetan.

Einige Kritiker der analytischen Psychotherapie, darunter verschiedene prominente Gurus modernen »Glücks«, behaupten, dass eine kurze Behandlung mit KVT ohnehin ausreicht, um wieder einsatzfähig zu werden, und betonen, dass längerfristige Therapien und das Gesamtkonzept des Freud'schen Unbewussten in die Mottenkiste der Geschichte gehören. Ganz offensichtlich ist, dass es in den meisten öffentlichen Gesundheitseinrichtungen höchst unwahrscheinlich ist, dass der klassische Zugang mit offenem Ende, dessen Wegbereiter Freud war, je möglich sein wird, solange die Ressourcen so knapp sind. Doch die Analyse scheint verhasst zu sein und zu riskieren, auch aus den kleinen Schlupfwinkeln vertrieben zu werden, die sie zuvor in den Gesundheitssystemen bewohnte, gerade deshalb, weil sie dazu einladen könnte, den Rahmen selbst in Frage zu stellen, innerhalb dessen wir funktionieren.

Denn für eine Analyse ist es erforderlich, innezuhalten und Raum dafür zuzulassen, noch einmal – oder zweimal – nachzudenken. Und vielleicht hebt sie sich auch in ihrem Grundethos von einer Kultur ab, die menschlichen Forschergeist, Bildung oder soziales Engagement nur gegen den nächsten Quartalsgewinn aufrechnet. Sie bietet außerdem einen Weg, über die

Abwehr der gegenseitigen Abhängigkeit nachzudenken, die für jeden von uns eine Tatsache des Lebens ist. Als Gegensatz zu Bions psychotischem Uhrwerksmenschen, den ich in Kapitel 7 beschrieben habe, kann es durchaus wertvoll sein, sich an Herbert Marcuses Blick auf eine verbreitetere und ganz normale moderne Verarmung zu besinnen, die er in seinem Buch *Der eindimensionale Mensch* einfing.

Inzwischen haben sich in den letzten Jahrzehnten unterschiedliche Forscher mit großer Energie der Zusammenstellung von »Schwarzbüchern« über all das gewidmet, was mit dem analytischen Berufsstand schiefgegangen ist, seit Freud das Verfahren entwickelt hat. Freilich ist diese Liste nicht kurz. Allerdings ist die Frage der weiteren Relevanz der Psychoanalyse alles andere als eine abgeschlossene Debatte. Selbst innerhalb der zeitgenössischen Neurowissenschaft leben Interesse an und Unterstützung für Freuds Modelle der Psyche wieder auf, besteht sogar bei manchen der Wunsch, die Disziplinen zu vereinigen und damit verspätet Freuds eigenen Wunsch zu erfüllen, dass diese Felder eines Tages zusammenwachsen mögen. Doch man könnte auch der Meinung sein, dass es keinen Grund zur Klage geben sollte, wenn die Analyse ihr besonderes Profil und ihren Schwerpunkt beibehält, ohne zu sehr darauf bedacht zu sein, mit anderen Denkarten oder Wissenschaften zu fusionieren.

Hier ist nicht der Ort, um weiter auf so überladene Begriffe wie »Resultate«, »Glück«, »Verwirklichung« oder »Verbesserung«, ganz zu schweigen von

»Heilung« einzugehen. Natürlich ist es in gewisser Weise sinnvoll, therapeutische Methoden zu prüfen, sodass ein Patient mit bipolaren Symptomen, einer Essstörung, einer obsessiven Zwangsneurose oder akuter Depression für die Behandlung dem entsprechenden Spezialfach zugewiesen wird. Dennoch müssen wir anerkennen, dass die Einteilung von Patienten in von Symptomen definierte Gruppen uns auch leicht auf das Terrain der alten Psychiatrie mit ihren fragwürdigen klassifikatorischen Schemata zurückführen könnte, in dem die Tendenz besteht, Menschen nicht mehr in ihrer komplexen Individualität zu betrachten.

Tatsächlich wird derzeit lebhaft diskutiert und Versuche und genaue Überprüfung von »Resultaten« sind heute in vollem Gang. KVT ist mit Abstand die am meisten getestete Methode (teilweise, weil ihre Vertreter solchen empirischen Testmethoden seit Jahrzehnten von Vorneherein enthusiastisch gegenüberstehen). Wie die jüngere Studie *What Works for Whom?* (Was funktioniert für wen?) warnend anmerkt: »Im schlimmsten Fall könnte das Ergebnis eine Monokultur sein, in der KVT gleichbedeutend mit evidenzbasierter Praxis ist.«

Wir müssten uns weiter mit der Frage beschäftigen, welches Tätigkeitsfeld der Analyse am besten dient, und nicht voreilig auf die Frage antworten, wie sie »getestet« werden kann. Eine Bewegung von »Antipsychiatern«, an deren Spitze R.D. Laing stand, wies vor mehr als fünfzig Jahren darauf hin, dass das Messen des Erfolgs einer Methode an ihrer Fähigkeit, die vorgeblich geistig Kranken an eine »verrückte« Außenwelt in Gemeinwesen oder Familie anzupassen, gerade den Fragen ausweicht, die besonders dringend gestellt werden müssten. Während ich im Unterschied zu einigen der streitbarsten unter diesen Antipsychiatern argumentieren würde, dass es so etwas wie psychische Krankheit wirklich gibt, würde ich mich ihrer Ansicht anschließen, dass weder die analytische Arbeit noch übrigens die Psychiatrie oder irgendeine andere Therapieform dazu dienen sollten, Konformität zu erzeugen oder, wie einige der Kriegsneurosen-Ärzte im Ersten Weltkrieg, Heilung einfach als die vermeintliche Eignung des Patienten zu betrachten, wieder in den aktiven Dienst in den Gräben geschickt zu werden.

Wir mögen in unserer eigenen Zeit die oberflächliche und verhängnisvolle Reduktion des Menschen auf den *Homo oeconomicus* bedauern und gegen die Kurzsichtigkeit der meisten aktuell vorherrschenden Formen politischen Denkens polemisieren. Die Psychoanalyse ist seit Langem eines der Werkzeuge in der Erforschung politischer Ideologien; sie könnte potenziell ebenso nützlich für die Betrachtung der Verleugnung von Gier und Aggression im utopischen Kommunismus sein wie für die der mörderischen Verläufe von fundamentalistischen, faschistischen oder totalitären Leidenschaften. Und sie kann dabei helfen, das selbstgefällige Ausblenden der Realität zu erhellen, das auch ein liberaler Zynismus oder ein selbstgefälliger Kapitalismus voraussetzt.

Um zu verstehen, wie Politik und Psyche interagieren, dürfen wir den Bereich der Phantasie und die Rolle der Abwehr nicht aus den Augen verlieren. Natürlich verfälschen mächtige materielle Einzelinteressen wissentlich die Wahrheit, indem sie etwa manipulative Lobbyisten engagieren, um uns Sand in die Augen zu streuen, Habgier zu fördern oder halsabschneiderischen Wettbewerb und Siegermentalitäten zu rechtfertigen. Doch eine Tendenz zur Kurzsichtigkeit und eine Neigung zum Wunschdenken sind nur allzu leicht zu schüren, weil, wie Freud zeigte, wir alle vieles ganz aktiv und nachdrücklich lieber nicht wissen wollen, selbst wenn wir über die Mittel verfügen, Wissen zu erlangen. Manische Zustände und Allmachtsphantasien können in uns allen vorkommen, sagt die Analyse. Man kann zum Beispiel im Sprechzimmer wie auf der politischen Bühne anschaulich beobachten, wie das Wissen um Schwachstellen geleugnet oder die Fähigkeit, eine tragfähige und lebenswerte Zukunft zu schützen und zu pflegen, verspottet, abgetan oder trivialisiert werden.

Um ein drängendes Beispiel von globaler Bedeutung zu nehmen: Heutzutage kommt eine unübersehbare Menge an Faktoren zusammen und droht, die Umwelt zu verwüsten. Viele Gemeinwesen, sogar ganze Staaten sind durch den fortgesetzten Klimawandel gefährdet, ganz abgesehen von der drohenden Auslöschung ganzer Tier- und Pflanzenarten in großen Teilen der Welt. Das psychoanalytische Denken kann zwar praktische Kämpfe um größere gesellschaftliche

Gerechtigkeit oder eine andere Regelung der Wirtschaft nicht ersetzen, doch die Analyse kann einen wertvollen Beitrag leisten, indem sie untersucht, wie wir uns dafür entscheiden können, es zu vermeiden, auch nur die Möglichkeit eines anderen Lebensstils in Betracht zu ziehen oder einer »unbequemen Wahrheit« direkt ins Auge zu sehen.

Hier sei nur gesagt, dass das analytische Denken in solchen drängenden politischen Debatten durchaus noch eine Rolle spielen kann, auch bei der Hinterfragung dessen, was individuell oder kollektiv als die gegebene »Ordnung« gilt. Ganz sicher ist die Psychoanalyse weiterhin ein wichtiges Gegenmittel gegen die aktuelle Annahme, dass schnelle Lösungen, ob privat oder politisch, immer einen Wert an sich darstellen. Vielleicht ist die analytische Methode sogar mit dem Aufkommen der Slow-Food-Bewegung im Zeitalter des Big Mac vergleichbar.

Weinerliche oder hämische Nachrufe auf die Psychoanalyse gibt es fast so lange wie sie selbst. Und ich bin bei weitem nicht der Erste, der darauf besteht, dass diesen Requiems auf die Sprechkur mit derselben trockenen Reaktion begegnen sollte wie einst Mark Twain: »Die Nachricht von meinem Tod ist stark übertrieben.«

Anmerkung zur Vertraulichkeit

Wie in diesem Buch angemerkt, wurde die Identität einiger der Patienten von Freud und anderen frühen Pionieren später demaskiert. Die Bedeutung der Vertraulichkeit in klinischen Diskussionen und Publikationen wurde zum immer gewichtigeren ethischen Anliegen. Allerdings erfordert die Vermittlung von analytischem Wissen detaillierte Veranschaulichungen, um zum Leben zu erwachen.

Da keine zwei Fälle je identisch sind, würde es eine krasse Verarmung bedeuten, nur in Verallgemeinerungen zu sprechen. Manche Kliniker entscheiden sich dafür, routinemäßig die Erlaubnis ihrer Patienten einzuholen, bevor sie ihr Material verwenden; andere kritisieren diese Tendenz und verweisen darauf, dass dies einen Eingriff in die Analyse darstellt, und meinen sogar, dass selbst eine Anfrage nach der Behandlung eine nicht zu vertretende Einmischung ist.

Eine Möglichkeit wäre natürlich, Publikationen aus dem Weg zu gehen, eine andere, die Merkmale mehrerer Patienten zu kombinieren und andere Verschleierungstaktiken einzusetzen, um ihre Identität zu schützen. In klinischen Schriften geht es gewöhnlich darum, die Aufmerksamkeit der Leser auf einen bestimmten Aspekt eines Falles zu lenken, ohne den Anspruch zu stellen, ein ausführliches Porträt wie Freuds eigene buchfüllende Patientenstudien zu liefern.

Vielleicht müssen wir uns in Zukunft stärker auf die Werke von ehemaligen Patienten stützen, wie die in Kapitel 1 erwähnten sprachgewaltigen autobiographischen Reflexionen. Wie es heutzutage üblich ist, sind die klinischen Vignetten aus meinen eigenen Erfahrungen oder jenen von Kollegen im vorliegenden Text stark verfremdet.

Weiterführende Literatur

Lesern, die ihr Wissen vertiefen wollen, sei die Online-Ressource PEPWEB empfohlen, da sie viele große psychoanalytische Zeitschriften, unter anderem das *International Journal of Psychoanalysis (IJP),* klassische Bücher und hilfreiche Glossare bietet. Dort findet sich auch die englische *Standard Edition* von Freuds Werken. Der von Peter Gay herausgegebene Band *The Freud Reader* (New York, 1989) bietet eine Sammlung der wichtigsten Schriften sowie eine nützliche Zeitachse. Freuds *Gesammelte Werke* auf Deutsch stehen online auf freud-online.de zur Verfügung. Die *Studienausgabe sowie* einzelne Schriften in unterschiedlichen Ausgaben sind im Fischer erschienen.

KAPITEL 1: EINFÜHRUNG

David Bell, *Paranoia*. Duxford: Icon, 2003.

Josh Cohen, *The Private Life: Why We Remain in the Dark*. London: Granta, 2013.

Julia Fabricius, Jane Milton und Caroline Polmear, *A Short Introduction to Psychoanalysis*. London: Sage, 2004.

Anna Freud, ›On the Theory of Analysis of Children‹, *IJP* (1929), vol. 10, S. 29-38.

Sigmund Freud, ›Psychoanalytische Bemerkungen über einen autobiographisch beschriebenen Fall von Paranoia‹ [1911], *Gesammelte Werke,* 8. Band.

Sigmund Freud, ›Selbstdarstellung‹ [1925], *Gesammelte Werke,* 14. Band.

Stephen Frosh, *Key Concepts in Psychoanalysis*. New York: New York University Press, 2003.

Stephen Grosz, *The Examined Life: How We Lose and Find Ourselves*. London: Vintage, 2014.

Melanie Klein, *Der Fall Richard. Das vollständige Protokoll einer Kinderanalyse*. Reinbek: Kindler Verlag, 1982.
Julia Kristeva, *Schwarze Sonne: Depression und Melancholie*. Frankfurt: Suhrkamp, 1991.
Darian Leader, *What is Madness?* London: Penguin, 2011.
Johathan Lear, *Freud*. London: Routledge, 2005.
Joyce McDougal, *Theater der Seele: Illusion und Wahrheit auf der Bühne der Psychoanalyse*. Stuttgart: Klett Cotta, 1994.
Elyn Saks, *The Center Cannot Hold: My Journey Through Madness*. New York: Hyperion, 2007.
Daniel Paul Schreber, *Denkwürdigkeiten eines Nervenkranken*. Berlin: Kadmos, 2003.
Ella Freeman Sharpe, ›The Technique of Psycho-Analysis‹, *IJP* (1931), vol. 12, S. 24-60.
Anthony Stevens, *Jung: Eine sehr kurze Einführung*. Stuttgart: Hogrefe, 2015.
Anthony Storr, *Freud: Eine sehr kurze Einführung*. Stuttgart: Hogrefe, 2013.
Barbara Taylor, *The Last Asylum: A Memoir of Madness in Our Times*. London, 2014.

KAPITEL 2: DIE ANFÄNGE DER PSYCHOANALYSE

Josef Breuer und Sigmund Freud, ›Studien über Hysterie‹ [1895], *Gesammelte Werke*, 1. Band.
Sigmund Freud, *Die Traumdeutung* [1900], *Gesammelte Werke*, 2. u. 3. Band.
Sigmund Freud, *Zur Psychopathologie des Alltagslebens* [1904], *Gesammelte Werke*, 4. Band.
Sigmund Freud, ›Drei Abhandlungen zur Sexualtheorie‹ [1905], *Gesammelte Werke*, 5. Band.
Sigmund Freud, ›Der Witz und seine Beziehung zum Unbewußten‹ [1905], *Gesammelte Werke*, 6. Band.

Sigmund Freud, ›Der Dichter und das Phantasieren‹ [1908], *Gesammelte Werke,* 7. Band.
Sigmund Freud, ›Formulierungen über die zwei Prinzipien des psychischen Geschehens‹ [1911], *Gesammelte Werke,* 8. Band.
Jean Laplanche, ›The Kent Seminar, 1 May 1990‹, in John Fletcher und Martin Stanton (Hg.), *Jean Laplanche: Seduction, Translation and the Drives.* London: ICA, 1993, S. 21-40.
Jean Laplanche und Jean-Bertrand Pontalis, *Das Vokabular der Psychoanalyse.* Frankfurt: Suhrkamp, 1972.
George Makari, *Revolution in Mind: The Creation of Psychoanalysis.* New York: Duckworth, 2008.
Daniel Pick und Lyndal Roper (Hg.), *Dreams and History: The Interpretation of Dreams from Ancient Greece to Modern Psychoanalysis.* Hove: Routledge, 2004.
Carl Schorkse, *Wien. Geist und Gesellschaft im Fin de Siècle.* Graz: Molden, 2017.
Richard Skues, *Sigmund Freud and the History of Anna O: Reopending a Closed Case.* London: Palgrave Macmillan, 2006.
Frank J. Sulloway, *Freud: Biologe der Seele. Jenseits der psychoanalytischen Legende.* Stuttgart: Hohenheim Verlag, 1985.
Eli Zaretsky, *Freuds Jahrhundert: Die Geschichte der Psychoanalyse.* Wien: Zsolnay, 2006.

KAPITEL 3: EIN FALL VON ZWANGSNEUROSE

Sigmund Freud, ›Bemerkungen über einen Fall von Zwangsneurose‹ [1909], *Gesammelte Werke,* 8. Band.
Sigmund Freud, ›Das Ich und das Es‹ [1923], *Gesammelte Werke,* 15. Band.

Patrick Mahony, *Freud and the Rat Man*. New Haven: Yale University Press, 1986.

Edna O'Shaughnessy, ›Relating to the Superego‹, *IJP* (1999), vol. 80, S. 861-870.

John Steiner, *Orte des seelischen Rückzugs: Pathologische Organisationen bei psychotischen, neurotischen und Borderline-Patienten*. Stuttgart: Klett-Cotta, 2015.

KAPITEL 4: ÖDIPUS

Wilfred Bion, ›The Imaginary Twin‹, in *Second Thoughts: Selected Papers on Psychoanalysis*. London: William Heinemann, 1967.

Ronald Britton, Michael Feldman und Edna O'Shaugnessy, *The Oedipus Complex Today*. London: Karnac, 1989.

Judith Butler, *Das Unbehagen der Geschlechter*. Frankfurt: Suhrkamp, 1991.

Gilles Deleuze und Félix Guattari, *Anti-Ödipus. Kapitalismus und Schizophrenie*. Frankfurt: Suhrkamp, 1977.

Sigmund Freud, ›Ais der Geschichte einer infantilen Neurose‹ [1918], *Gesammelte Werke*, 12. Band.

Margaret Mahler, ›On the First Three Subphases of the Separation-Individuation Process‹, *IJP* (1972), Bd. 53, S. 333-338.

Juliet Mitchell, *Psychoanalyse und Feminismus. Freud, Reich, Laing und die Frauenbewegung*. Frankfurt: Suhrkamp, 1985.

Juliet Mitchell, *Siblings: Sex and Violence*. Oxford: Polity, 2003.

Joan Riviere, ›Womanliness as a Masquerade‹, *IJP* (1929), Bd. 10, S. 303-313.

John Steiner, ›Turning a Blind Eye: The Cover up for Oedipus‹, *International Review of Psycho-Analysis* (1985), Bd. 12, S. 161-172; auf Deutsch erschienen in seinen *Orten des seelischen Rückzugs*.

Margot Waddell, *Inside Lives: Psychoanalysis and the Growth of the Personality*. London: Karnac, 2002.

KAPITEL 5: RAUM, ZEIT UND TECHNIK DER ANALYSE

Jessica Benjamin, ›Beyond Doer and Done To: An Intersubjective View of Thirdness‹, *Psychoanalytical Quarterly* (2004), Bd. 73, S. 5-46.

Christopher Bollas und David Sundelson, *The New Informants: Betrayal of Confidentiality in Psychoanalysis and Psychotherapy*. London: Jason Aronson, 1995.

John Bowlby, *Attachment and Loss*, Bd. 1. London: Basic Books, 1969.

Franco de Masi, *Making Death Thinkable*. London: Free Association Books, 2004.

Michael Feldman, *Doubt, Conviction and the Analytic Process: Selected Papers*. London: Routledge, 2009.

Bruce Fink, *A Clinical Introduction to Lacanian Psychoanalysis: Theory and Technique*. Cambridge MA: Harvard University Press, 1999.

Peter Fonagy, ›The Changing Shape of Clinical Practice: Driven by Science or by Pragmatics?‹ *Psychoanalytic Psychotherapy* (2010), Bd. 24, S. 22-43.

John Forrester, ›Dead on Time: Lacan's Theory of Temporality‹, in *Seductions of Psychoanalysis: Freud, Lacan and Derrida*. Cambridge: Cambridge University Press, 1991, S. 168-218.

Betty Joseph, *Psychic Equilibrium and Psychic Change: Selected Papers of Betty Joseph*. Hg. von Michael Feldman und Elizabeth Bott Spillius. London: Routledge, 1989.

Jacques Lacan, *Schriften*. Wien: Turia + Kant, 2016.

Herbert Rosenfeld, *Psychoatic States: A Psychoanalytic Approach*. London: Routledge, 1965.

Elisabeth Roudinesco, *Jacques Lacan. Bericht über ein Leben, Geschichte eines Denksystems*. Wien: Turia + Kant, 2011.

Michael Rustin, ›The Generation of Psychoanalytic Knowledge: Sociological and Clinical Perspectives Part One: Give Me a Consulting Room‹ *Britisch Journal of Psychotherapy* (1997), Bd. 13, S. 527-541.

Sherry Turkle, *Psychoanaltic Politics: Jacques Lacan and Freud's French Revolution*. London: The Guilford Press, 1992.

KAPITEL 6: KRIEG, POLITIK UND IDEEN

Geoffrey Cocks, *Psychotherapy in the Third Reich: The Göring Institute*. Oxford: Routledge, 1985.

Joy Damousi und Mariano Ben Plotkin (Hg.), *Psychoanalysis and Politics: Histories of Psychoanalysis Under Conditions of Restricted Political Freedom*. Oxford: Oxford University Press, 2012.

Matt Ffytche, ›Freud and the Neocons: The Narrative of a Political Encounter from 1949-2000‹, *Psychoanalysis and History* (2013), Bd. 15, S. 5-44.

Sigmund Freud, ›Jenseits des Lustprinzips‹ [1920], *Gesammelte Werke*, 13. Band.

Sigmund Freud, ›Hemmung, Symptom und Angst‹ [1926], *Gesammelte Werke*, 14. Band.

Sigmund Freud, *Das Unbehagen in der Kultur* [1930], *Gesammelte Werke*, 14. Band.

Erich Fromm, *Anatomie der menschlichen Destruktivität*. Hamburg: Rowohlt, 1977.

Stephen Frosh, *Hate and the Jewish Science: Anti-Semitism, Nazism and Psychoanalysis*. Basingstoke: Palgrave Macmillan, 2009.

Nathan Hale, *The Rise and Crisis of Psychoanalysis in the United States, 1917-1985*. New York: Oxford University Press, 1995.

Tom Harrison, *Bion, Rickman, Foulkes and the Northfield Experiments: Advancing on a Different Front*. London: Jessica Kingsley, 2000.

Martin Jay, *The Dialectical Imagination: A History of the Frankfurt School and the Institute of Social Research, 1923-1950*. Berkeley: University of California Press, 1996.

Walter Kendrick und Perry Meisel (Hg.), *Bloomsbury/Freud: The Letters of James and Alix Strachey, 1924-1925*. New York: Basic Books, 1985.
Pearl King und Riccardo Steiner (Hg.), *The Freud-Klein Controversies 1941-1945*. London: Taylor & Francis, 1991.
Daniel Pick, *The Pursuit of the Nazi Mind: Hitler, Hess, and the Analysts*. Oxford: Oxford University Press, 2012.
Edward Said, *Freud and the Non-European,* mit einer Einleitung von Christopher Bollas und einer Antwort von Jacqueline Rose. London: Verso, 2003.
Hanna Segal, *Psychoanalysis, Literature and War: Papers 1972-1995*. London: Routledge, 1997.
Michal Shapira, *The War Inside: Psychoanalysis, Total War, and the Making of the Democratic Self in Postwar Britain.* Cambridge: Cambridge University Press, 2013.

KAPITEL 7: WEITERE INNOVATIONEN UND KONTROVERSEN

Jan Abram, *The Language of Winnicott: A Dictionary and Guide to Understanding his Work*. London: Karnac, 1996.
Robin Anderson (Hg.), *Clinical Lectures on Klein and Bion.* London: Routledge, 1992.
Wilfred Bion, *Frühe Vorträge und Schriften, mit einem kritischen Kommentar:* ›Second Thoughts‹. Frankfurt: Brandes & Apsel, 2013.
Wilfred Bion, *The Long Week-End 1897-1919: Part of a Life.* London: Free Association Books, 1982.
Dana Birksted-Breen, Sara Flanders und Alain Gibeault (Hg.), *Reading French Psychoanalysis*. London: Routledge, 2010.
Malcolm Bowie, *Lacan.* Gießen: Psychosozial Verlag, 2007.
Peter Fonagy, *Bindungstheorie und Psychoanalyse.* Stuttgart: Klett-Cotta, 2009.

Anna Freud, *Das Ich und die Abwehrmechanismen*. Frankfurt: Fischer, 1984.

Sigmund Freud, ›Bemerkungen über die Übertragungsliebe‹ [1915], *Gesammelte Werke,* 10. Band.

Heinz Hartmann, ›Psychoanalyse und Gesundheitsbegriff‹, in *Ich-Psychologie. Studien zur psychoanalytischen Theorie*. Stuttgart: Klett, 1972, S. 19-32.

Jeremy Holmes, *John Bowlby und die Bindungstheorie*. München: Ernst Reinhardt Verlag, 2006.

Melanie Klein, *Die Psychoanalyse des Kindes*. Bad Cannstatt: Fromann-Holzboog, 1997.

Jacques Lacan, ›Das Spiegelstadium als Gestalter der Funktion des Ichs‹, in *Schriften I*. Wien: Turia + Kant, 2016, S. 109-117.

Jean Laplanche, ›Jean Laplanche tals to Martin Stanton‹, *Free Associations* (1991), Bd. 2, S. 323-341.

Meir Likierman, *Melanie Klein: Her Work in Context*. London: Continuum, 2011.

Stephen A. Mitchell (Hg.), *Bindung und Beziehung: Auf dem Weg zu einer relationalen Psychoanalyse*. Gießen: Psychosozial Verlag, 2003.

Denise Riley, *War in the Nursery: Theories of the Child and Mother*. London: Virago, 1983.

Roy Schafer, *Tradition and Change in Analysis*. London: International Universities Press, 1957.

Hanna Segal, *Melanie Klein*. Frankfurt: Brandes & Apsel, 2013.

Donald Winnicott, *Kind, Familie und Umwelt*. München: Ernst Reinhardt Verlag, 1992

Donald Winnicott, *Reifungsprozesse und fördernde Umwelt*. Gießen: Psychosozial Verlag, 2006.

Slavoj Žižek, *Lacan. Eine Einführung*. Frankfurt: Fischer, 2008.

KAPITEL 8: UNBEWUSSTE DRAMEN

A.W. Bateman, ›Thick- and Thin-Skinned Organisations and Enactment in Borderline and Narcissistic Disorders‹, *IJP* (1998), Bd. 79, S. 13-26.

Irma Brenman Pick, ›Working Through in the Countertransference‹, *IJP* (1985), Bd. 66, S. 157-166.

Sigmund Freud, ›Bruchstück einer Hysterie-Analyse‹ (Dora) [1905], *Gesammelte Werke,* 5. Band.

Peter Giovacchini, *Clinician's Guide to Reading Freud.* New York: Jason Aronson, 1982.

Wynne Godley, ›Saving Masud Khan‹, *London Review of Books,* 22, Februar 2001, S. 3-7.

Paula Heimann, ›Zur Gegenübertragung‹, in *Gegenübertragung und andere Schriften zur Psychoanalyse. Vorträge und Aufsätze aus den Jahren 1942-1980.* Stuttgart: Klett-Cotta, 2016.

Priscilla Roth, ›Mapping the Landscape: Levels of Transference Interpretation‹, *IJP* (2001), Bd. 82, S. 1055-1061.

Joseph Sandler, ›Actualization and Object Relationships‹, *Journal of Philadelphia Association for Psychoanalysis* (1977), Bd. 4, S. 59-70.

KAPITEL 9: DER KAMPF IST NOCH NICHT ZU ENDE

Michael Balint, *Der Arzt, sein Patient und die Krankheit.* Stuttgart: Klett-Cotta, 2010.

Janet Bergstrom (Hg.), *Endless Night: Cinema and Psychoanalysis, Parallel Histories.* Berkeley: University of California Press, 1999.

Malcolm Bowie et al. (Hg.), *Modernism and the European Unconscious.* Cambridge: Polity, 1990.

Hilda Doolittle, *Tribut an Freud.* Schupfart: Urs Engeler Verlag, 2008.

Sigmund Freud, ›Die endliche und die unendliche Analyse‹ [1937], *Gesammelte Werke,* 16. Band.

Stephen Frosh, *Psychoanalysis Outside the Cliinic.* London: Palgrave, 2010.

Peter Gay, *Freud für Historiker.* Tübingen: Edition Diskord, 2000.

Ernest Gellner, *The Psychoanalytic Movement: Or the Cunning of Unreason.* London: Paladin, 1985.

Otto Kernberg, ›Suicide Prevention for Psychoanalytic Institutes and Societies‹, *Journal of the American Psychoanalytic Association* (2013, Bd. 61, S. 771-786.

D.H. Lawrence, *Psychoanalysis and the Unconcious* und *Fantasia of the Unconsicous.* Cambridge: Cambridge University Press, [1923] 2014.

Robert Jay Lifton, *Thought Reform and the Psychology of ›Totalism‹. A Study of ›Brainwashing‹ in China.* New York: Norton, 1963.

Herbert Marcuse, *Der eindimensionale Mensch. Studien zur Ideologie der fortgeschrittenen Industriegesellschaft.* Neuwied/Berlin: Luchterhand, 1967.

Isabel Menzies-Lyth, ›Social Systems as a Defence against Anxiety‹ [1960], erneut herausgegeben in *Containing Anxiety in Institutions,* Bd. 1. London: Free Associations Books, 1988.

Karin Obholzer, *Gespräche mit dem Wolfsmann. Eine Psychoanalyse und die Folgen.* Hamburg: Rowohlt, 1980.

Karl Popper, *Vermutungen und Widerlegungen. Das Wachstum der wissenschaftlichen Erkenntnis (Gesammelte Werke, Band 10).* Tübingen: Mohr Siebeck, [1963] 2009.

Jacqueline Rose, *States of Fantasy.* Oxford: Clarendon, 1996.

Anthony Roth und Peter Fonagy, *What Works for Whom? A Critical Review of Psychotherapy Research.* New York: Guilford Press, 2004.

Elisabeth Roudinesco, *Lacan: In Spite of Everything.* London: Verso, 2014.

Margaret Rustin, ›Conceptual Analysis of Critical Moments in Victoria Climbié's Life‹, *Child and Family Social Work* (2005), Bd. 10, S. 11-19.
Sebastiano Timpanaro, *The Freudian Slip: Psychoanalysis and Textual Criticism*. London: Verso, 1976.
Sally Weintrobe, *Engaging with Climate Change: Psychoanalytic and Interdisciplinary Perspectives*. London: Routledge, 2012.
Virginia Woolf, *Tagebücher 5. 1936-1941*. Frankfurt: Fischer, 2008.
Slavoj Žižek, *The Pervert's Guide to Cinema*. DVD, 2007.

Danksagung

Ich habe von Gesprächen zu diesem Thema mit Kollegen, Freunden und Mitgliedern meiner Familie mehr profitiert, als ich hier erwähnen kann, dennoch möchte ich an dieser Stelle wenigstens auf einige verweisen, denen ich Dank schulde. Für ihre großzügigen Rückmeldungen zu Entwürfen, Warnungen vor Fallen und/oder die Diskussion der wesentlichen Bestandteile einer sehr kurzen Einführung in die Psychoanalyse möchte ich Isobel Pick, Irma Brenman Pick, dem verstorbenen Eric Brenman, David Bell, Michael Brearley, Don Campbell, Elizabeth Coates-Thümmel, Josh Cohen, Penny Driver, Matt ffytche, Stephen Frosh, Keith Jacobs, Jonathan Lear, Matthew Reisz, Jacqueline Rose, Priscilla Roth und John Steiner meinen wärmsten Dank aussprechen. Für einige Hintergrundrecherchen stehe ich auch in Nicole Mennells Schuld, Dan Harding danke ich für das Lektorat, Matias Lopez-Portillo, Dan Hind und Andrea Keegan für redaktionelle Kommentare, und dem anonymen OUP-Lektor für einige zusätzliche hilfreiche Vorschläge.

Bibliografische Information der Deutschen Nationalbibliothek

Die Deutsche Bibliothek verzeichnet diese Publikation in der Deutschen Nationalbibliografie; detaillierte bibliografische Daten sind im Internet über http://dnb.ddb.de abrufbar.

Bibliographic Information published by Die Deutsche Nationalbibliothek
The Deutsche Bibliothek lists this publication in the Deutsche Nationalbibliografie; detailed bibliographic data are available on the Internet at http://dnb.ddb.de.

ISBN 978-3-98514-043-5

Cover: Bettina Kubanek, Visuelle Gestaltung, Berlin

VERLAG TURIA + KANT
A-1010 Wien, Schottengasse 3A/5/DG1
Büro Berlin: D-10827 Berlin, Crellestraße 14
info@turia.at | www.turia.at